2 ORBITA

ÓRBITA

2

Curso de ESPAÑOL para extranjeros

R. FENTE - E. W. ALONSO

SGEL

Sociedad General Española de Librería, S.A.

Primera edición: 1992

Produce: SGEL-Educación.
          Marqués de Valdeiglesias, 5, 1.º 28004 Madrid

Diagramación: SEAMER, S. A.
Cubierta: Victor M. Lahuerta
Fotografías: Agencia E. F. E., Jesús Valbuena y Archivo SGEL
Coordinación editorial: Julia Roncero
Dibujos: M.Rueda y E. Ibáñez.

© Rafael Fente Gómez y Enrique Wulff Alonso, 1992
© Sociedad General Española de Librería, S. A., 1992
   Avda. Valdelaparra, 29 - 28100. ALCOBENDAS - MADRID

I.S.B.N.: 84-7143-467-9
Depósito Legal: M-16828-1992
Printed in Spain - Impreso en España

Compone: SEAMER, S. A.
Imprime: GRAFICAS PEÑALARA
Encuaderna: F. MENDEZ

INTRODUCCIÓN

Este segundo volumen del método Órbita va dirigido a estudiantes extranjeros que ya tienen un nivel básico de conocimientos de español, nivel que se cubre en el primer libro de esta serie. Se trata de un curso intensivo de español como segunda lengua que, aproximadamente, requiere para el alumno medio 150 horas de estudio (con las naturales variaciones dependientes de la lengua materna) que se pueden cubrir tanto con la ayuda de un profesor como de forma individual.

El método desarrolla un enfoque comunicativo en sentido amplio, es decir, que la lengua es el vehículo por excelencia para entender y hablar e igualmente para leer y escribir.

En las veinte lecciones de que consta el libro se ha mantenido esencialmente la misma distribución que en el volumen primero, si bien con un carácter más amplio y libre, como corresponde a un nivel de competencia más avanzado. La distribución por páginas de cada lección es la siguiente:

La página "¿LO ENTIENDE?" consiste en informaciones grabadas sobre el contenido temático de cada unidad, que el estudiante debe comprender mediante una amplia gama de ejercicios en los que se le piden las claves de identificación pertinentes.

La página "¡HABLE USTED!" se concentra en ejercicios de producción en los que se incita al alumno a participar activamente en situaciones de comunicación oral.

La página "COMPRENDA LA LECTURA" insiste en diversas técnicas de lectura, intensivas y extensivas, que motivan al estudiante y le ayudan a desarrollar su competencia en el campo de una de las actividades más cotidianas de nuestra época, la lectura.

La página "PRACTIQUE LA ESCRITURA" no sólo capacita para manifestarse por escrito en las situaciones adecuadas, sino que también tiene como finalidad consolidar los conocimientos adquiridos en las tres habilidades anteriores.

La página "EJERCICIOS GRAMATICALES" debe realizarse en directa conexión con el Apéndice gramatical que se incluye en el libro I de Órbita, y abarca la práctica de los puntos y estructuras gramaticales más frecuentes en la lengua española. Para mayor ampliación, se recomienda el manejo del libro *Curso intensivo, Gramática*, de esta misma editorial.

Por último, la página "USTED HA APRENDIDO A ..." sirve de repaso selectivo de lo aprendido en cada lección y, al mismo tiempo, está concebida para que el estudiante tome conciencia de las funciones lingüísticas que va dominando.

El libro va acompañado de un "GLOSARIO DE PALABRAS Y EXPRESIONES", de un "SOLUCIONARIO DE EJERCICIOS" (especialmente apropiado para el alumno que estudia por sí solo), y del "TEXTO DE LAS GRABACIONES". Estas últimas constituyen un ejemplo esencial para el aprendizaje del idioma porque, por una parte, reflejan parcial pero selectivamente el habla habitual de nuestros días y, por otra, exigen un esfuerzo de atención imprescindible y muy motivador para integrarse en la situación comunicativa sin el apoyo de la letra impresa.

LOS AUTORES

Madrid, abril, 1992.

IDENTIFICACIÓN PERSONAL Y FÓRMULAS SOCIALES

- Preguntas y respuestas sobre datos personales.
- Fórmulas sociales.

- Género del sustantivo.
- Presente de SER/ESTAR.
- Números (1-20).
- Partículas interrogativas.

¿LO ENTIENDE?

1 Rellene el cuadro con la información que escuche.

- ¿Cómo se llama?
- ¿Cúal es su nombre?
- ¿Cúales son sus apellidos?
- ¿Qué nacionalidad tiene?
- ¿De dónde es?
- ¿Dónde vive?
- ¿En qué calle?
- ¿En qué piso?
- ¿Cuál es su número de teléfono?

¿Y usted?

- Me llamo
- Mi nombre es
- Mi apellido es
- Soy (nacionalidad)
- Soy de (ciudad)
- Vivo en
- Calle/plaza
- Piso
- Teléfono

2 Rellene el cuadro con la información que escuche.

	DATOS DE ALBERTO		DATOS DE USTED
• ¿Edad?			
• ¿Fecha de nacimiento?			
• ¿Estado civil?			
• ¿Número de hijos?			
• ¿Edad de los hijos?			
• ¿Profesión?			
• ¿Lugar de trabajo?			
• ¿Conocimiento de idiomas?			

10

3 Escuche la cinta y responda con la fórmula adecuada del cuadro.

De nada
Lo siento. No fumo
Encantado/a
Hasta luego
De acuerdo
Muy bien, gracias
Muchas felicidades
Adelante/ Sí, entre

4 ¿Qué dice usted en cada uno de estos casos?
Elija alguna de las fórmulas del recuadro.

- Quiere excusarse. Se dice : "perdón" o "lo siento".
- Quiere despedirse.
- Quiere saludar a alguien por la mañana.
- Quiere saber el nombre de alguien.
- Quiere pedir ayuda o permiso.
- Quiere saludar a un/a amigo/a.

ELIJA

- ¿Cómo se llama usted?
- ¿Cómo te llamas?
- ¿Qué tal?
- ¿Qué hay?
- ¿Cómo estás/está usted?
- Hola
- Adiós
- Hasta luego/mañana
- Por favor
- Buenos días
- Buenas tardes
- Buenas noches

5 Usted quiere invitar al cine a una amiga.
Mantenga esta conversación:

USTED	ELLA
La saluda.	Le saluda y pregunta por su salud.
Contesta y pregunta por su trabajo.	Responde y dice que bien.
Hace la invitación al cine.	Le agradece la invitación, pero dice que no puede ir.
Se despide y dice que lo siente mucho.	Se despide.

USE

¿Qué hay? ¿Cómo estás?

¡Estupendamente!Estoy muy contenta.

¡Bueno!, pues entonces hasta otro día. Siento que no puedas.

Hola, ¿qué tal?

¿Te apetece ir al cine?

Muy bien. ¿Cómo te va el trabajo?

Muchas gracias, pero tengo que ver a una amiga.

Yo también. Me alegro de verte. Adiós.

6

¡GENTE!

1 38 años después de aquella memorable interpretación junto a Gérard Philipe, Jeanne Moreau ha vuelto a pisar el escenario del Palacio de los Papas de Avignon.

Y lo hizo anoche, encarnando la Celestina, en un montaje de cerca de 4 horas, dirigido por Antoine Vitez. Moreau, una actriz legendaria para un personaje legendario, en palabras del mismo Vitez.

- ¿Cómo se llama?
- ¿Qué nacionalidad tiene?
- ¿Qué profesión tiene?
- ¿Dónde trabaja?

2 El nuevo entrenador del Atlético de Madrid para esta temporada se ha querellado contra un periodista. La Audiencia de Madrid ha dictado sentencia nula. El entrenador, natural de Madrid, pedía 15 millones de pesetas como compensación por daños y perjuicios contra su honor e imagen pública.

- ¿Qué nacionalidad tiene?
- ¿Qué profesión tiene?
- ¿Dónde trabaja?
- ¿De dónde es la Audiencia?

NATALICIO

Antonio Briones Santos, arquitecto, y Paloma Madariaga, enfermera, han sido padres de una niña, que nació el pasado martes en la Clínica de La Concepción, de Madrid. La niña, primera hija del matrimonio, pesó al nacer 3,100 kilogramos y se le impondrá el nombre de Elena.

- ¿Cómo se llaman los padres?
- ¿Qué son?
- ¿De dónde es la niña?
- ¿Cómo se llama?

7 Escuche la cinta dos veces y luego escriba una ficha confidencial para cada persona.

USE ESTOS ADJETIVOS:

alto/bajo/ normal

casado/ soltero/ divorciado

feo/ guapo

agradable/ desagradable

amable/ simpático/ antipático

alegre/ triste

trabajador/ vago

• Ahora haga usted su propia ficha:

13

EJERCICIOS GRAMATICALES

8 Ponga la forma adecuada del artículo determinado e indeterminado.

........................señor.
........................médico.
........................conductores.
........................conversación.
........................ejercicio.
........................niño.
........................española.
........................ayudas.

........................discotecas.
........................página.
........................boca.
........................canción.
........................felicidades.
........................cabeza.
........................exámenes.

USE	
él	un
la	una
los	unos
las	unas

9 Ponga la forma adecuada del presente de SER.

• Mi nombre........................Alberto.
• (Nosotros)........................de Zaragoza.
• Estos señores........................profesores.
• (Vosotros)........................los últimos.

• (Yo)........................español.
• Hoy........................mi cumpleaños.
• ¿........................usted inglés?

10 Ponga la forma adecuada del presente de ESTAR.

• ¿Qué tal........................(Tú)?
• ¿........................(usted) casado?
• El examen........................muy bien.

• (Nosotros)........................todos bien.
• Los niños........................en el colegio.
• (Yo)........................en casa.

11 Lea las siguientes cantidades.

15 años	4 hijos	19 páginas	13 pisos	5 amigas
10 pesetas	7 días	3 canciones	14 coches	8 fotos

12 Ponga el interrogativo adecuado.

• ¿........................está cerrado el museo?
• ¿De........................nacionalidad es?
• ¿........................es su número de teléfono?
• ¿........................años tiene el niño?
• ¿........................se llama usted?
• ¿........................vive tu amigo?
• ¿........................es el profesor de matemáticas?

USE
¿Qué?
¿Cuál?
¿Dónde?
¿Cuándo?
¿Cómo?
¿Cuánto-s?
¿Quién-es?

USTED HA APRENDIDO A...

A PREGUNTAR Y RESPONDER SOBRE DATOS PERSONALES

13 **Pregunte a alguien:**

- su nombre ¿...?

- sus apellidos ¿...?

- su nacionalidad ¿...?

- en qué lugar vive (ciudad/calle/piso)¿.................

....?

- su número de teléfono ¿.....................................?

¿Cuál es la pregunta?

- ¿...? Tengo 25 años.

- ¿...? Tengo dos hijos.

- ¿...? Estoy casado.

- ¿...? Soy de Valencia.

```
┌─────────────────────────────────────────┐
│           DATOS  PERSONALES               │
│   ─────────────────────────────────────── │
│   FILIACIÓN                               │
│   Nombre y apellidos ...................  │
│   ─────────────────────────────────────── │
│   Domicilio   ..........................  │
│   Población ............................  │
│   Provincia ................. Tel. ...... │
│   D.N.I. n.° ............. Caduca ......  │
│   Pasaporte n.° ......... Caduca ......   │
│   ─────────────────────────────────────── │
│   PROFESIÓN                               │
│   Empresa/Oficina ....................... │
│   Domicilio ............................. │
│   Tel. ........... n.° afiliación S. S. . │
│   ─────────────────────────────────────── │
│   VEHÍCULO                                │
│   Marca ............. Matrícula ........  │
│   N.° motor ......... N.° bastidor .....  │
│   N.° llaves ....... Potencia fiscal ...  │
│   Permiso n.°............ Fecha .......   │
│   Cía. Seguros .........................  │
│                    Póliza n.° .........   │
│   ─────────────────────────────────────── │
│   EN CASO DE ACCIDENTE                    │
└─────────────────────────────────────────┘
```

B FÓRMULAS GENERALES

14 **¿A qué corresponde?**

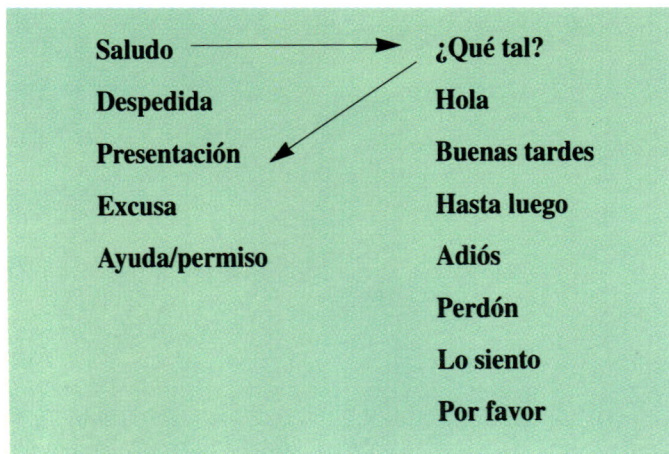

Saludo	¿Qué tal?
Despedida	Hola
Presentación	Buenas tardes
Excusa	Hasta luego
Ayuda/permiso	Adiós
	Perdón
	Lo siento
	Por favor

15

ANDALUCÍA Y EXTREMADURA

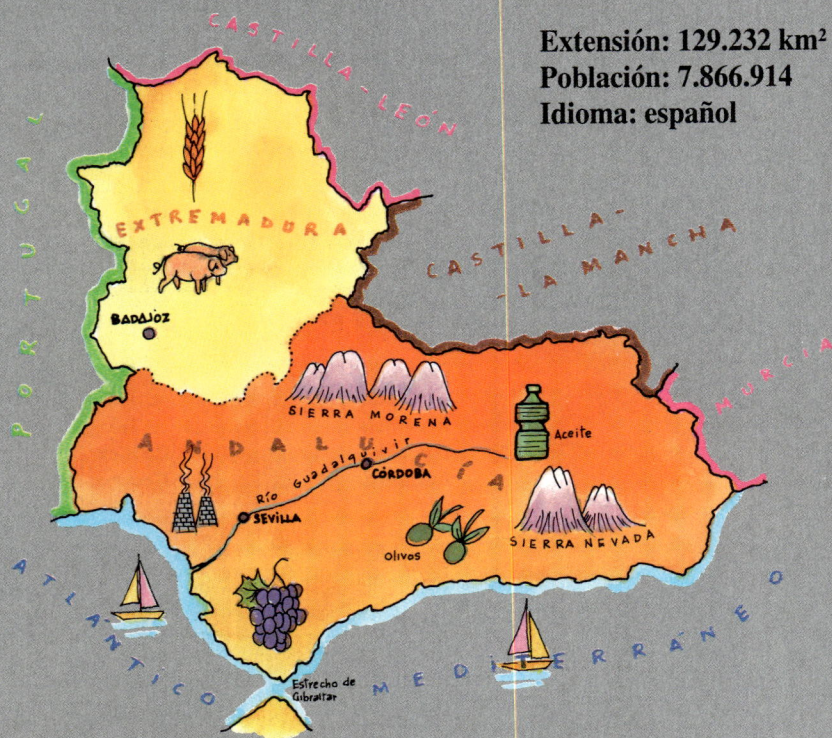

Extensión: 129.232 km²
Población: 7.866.914
Idioma: español

Extremadura, como dijo un poeta, es extrema porque está situada en el suroeste de la Península, y dura, por su paisaje agreste y su clima seco. Andalucía ocupa la zona sur de la Península. Su situación de paso entre África y Europa hizo que sufriera varias invasiones. La más significativa fue la invasión árabe del 711.

Córdoba.
Lejana y sola.

F. García Lorca, **Canciones**

Es hijo de una estirpe de rudos
caminantes, pastores que conducen sus hordas
de merinos a Extremadura fértil,
rebaños trashumantes que mancha el polvo
y dora el sol de los caminos.

A. Machado, **Campos de Castilla**

El mar. La mar.
El mar. ¡Sólo la mar!
¿Por qué me trajiste, padre,
a la ciudad?

R. Alberti, **Marinero en tierra**

CASA Y VIVIENDA

- Describir características de viviendas.
- Indicar situaciones en un plano.

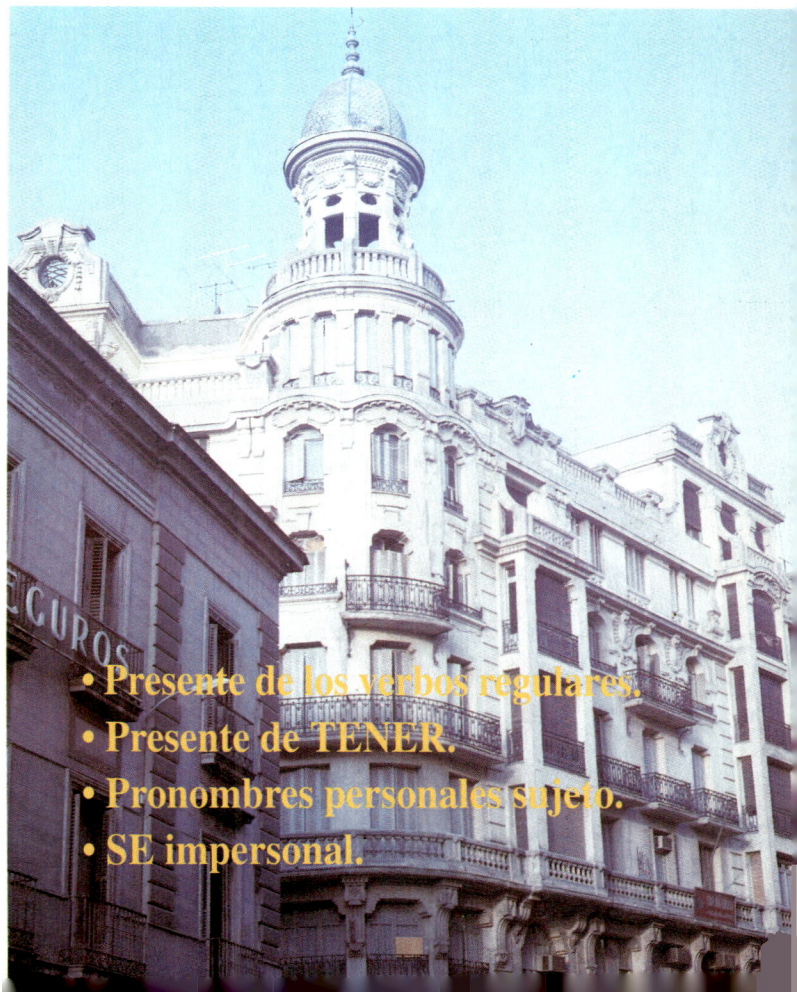

- Presente de los verbos regulares.
- Presente de TENER.
- Pronombres personales sujeto.
- SE impersonal.

¿LO ENTIENDE?

1 Escuche y compruebe la información.

	SÍ	NO
• El piso se vende.		X
• El piso es exterior.		
• El edificio no tiene ascensor.		
• La cocina tiene frigorífico.		
• Tiene salón-comedor.		
• Está en las afueras de la ciudad.		
• El precio es semanal.		

2 Rellene las casillas con la información que escuche.

	Chalet
• ¿Chalet/piso/apartamento?	
• ¿Se necesita/se vende/se alquila?	
• ¿1/2/3/ cuartos de baño?	
• ¿En Alicante/Valencia/Coruña?	
• ¿30/27/80 millones?	
• ¿Centro ciudad/afueras?	
• ¿Con/sin garaje?	
• ¿Una/dos terrazas?	

3 Escuche y numere la información.

• Agua caliente central.		• Se vende.	1
• Apartamento-estudio.		• Teléfono y televisión.	
• Urbanización con piscina.		• Cuatro pistas de tenis.	
• Totalmente amueblado.		• A estrenar.	

¡HABLE USTED!

4 Mire las ilustraciones, escuche la cinta y haga tres preguntas en relación con lo que se dice de cada foto.

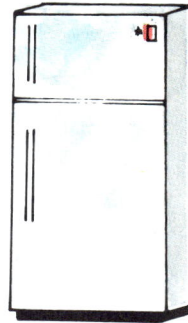

1...
2...
3...

1...
2...
3...

1...
2...
3...

1...
2...
3...

UTILICE

¿Es una cama sencilla o doble?

¿De qué son las sillas?

¿Qué marca es?

¿Y qué precio tiene?

¿De qué material es?

¿Qué es esto?

¿Qué tipo de colchón tiene?

¿Sólo la tienen en blanco?

¿Qué estilo tienen?

¿Es posible tapizarlo en otro material?

¿Cuánto cuesta?

¿Qué capacidad tiene?

5 **¡Ejercite su memoria!**

Mire el plano durante dos minutos, luego tápelo e intente recordar su disposición contestando a estas preguntas:

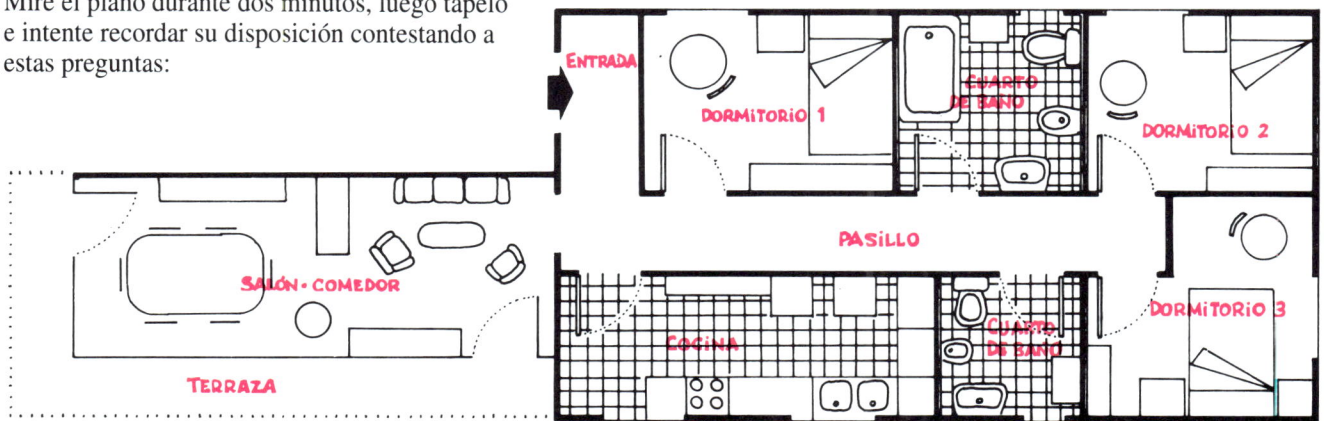

ENTRADA
DORMITORIO 1
CUARTO DE BAÑO
DORMITORIO 2
PASILLO
SALÓN·COMEDOR
DORMITORIO 3
COCINA
CUARTO DE BAÑO
TERRAZA

• ¿Dónde está el salón-comedor?

• ¿Dónde está la puerta de entrada al apartamento?

• ¿Dónde está el dormitorio 3?

• ¿Dónde está el cuarto de baño 2?

• ¿Dónde está la terraza?

USE

a la izquierda
a la derecha
al lado (derecho/izquierdo) de...
en el centro
entre...y...
en la parte superior/inferior (derecha/izquierda)

6 Lea estos anuncios y luego escriba la palabra correspondiente a cada definición.

MOBILIARIO (VENTAS)

Fábrica muebles cocina directamente público. Conde Cartagena, 9. Tel.: 551 76 94.

Muebles oficina. Nuevos y ocasión. Tel.: 415 33 97.

Tresillos, fábrica vende directamente al público. Sofás piel sintética, 35.000. Sofás cama, 22.000.Tel.: 606 85 04.

APARTAMENTOS (OFERTAS)

PLAZA ESPAÑA

España, 7. Edificio apartamentos. Inagurado enero. Completamente equipado. Decoración exquisita. Todos los servicios. Parabólica. hilo musical, parking. Magníficas vistas. Semanas, meses, temporada. Tel.: 542 85 85.

Argüelles. Donoso Cortés, 23. Ático estrenar, exterior, tres dormitorios, terraza, calefacción central, parquet. gas ciudad, 95 metros cuadrados. 18.500.000 más 6.000.000 aplazados (rebajado, sólo mes de julio, para operación urgente). Tel.: 243 87 38 (mañanas, noches). Abstenerse agencias. Enseña portero.

PARTICULAR

vende chalet adosado, con 3 dormitorios, salón comedor, cocina, 2 baños, piscina y jardín privados, en la mejor zona de Benidorm, totalmente acabado y a estrenar. Información, señor Gulu. Tel.: 96/ 586 51 11, Benidorm, (Alicante).

/.../: Conjunto de un sofá y dos butacas que hacen juego en diseño y tapizado y, normalmente, se colocan juntos.

/.../: Último piso, con terraza, de un inmueble.

/.../: Vivienda unifamiliar, arrimada o juntada a otra y rodeada de jardín.

/.../: Suelo de tablas o piezas de madera barnizado.

/.../: Antena especial que permite al usuario la posibilidad de ver varios canales de televisión en lenguas extranjeras.

/.../: Servicio de varios canales de música que se puede instalar en las casas particulares y que se contrata con la Compañía Telefónica Nacional.

7 Escriba un anuncio, de no más de 30 palabras, solicitando un piso en alquiler.

NECESIDADES	ANUNCIO
• ¿Amueblado/desamueblado?	
• ¿Exterior/interior?	
• ¿Número de habitaciones?	
• ¿Número de cuartos de baño?	
• ¿Zona y ciudad?	
• ¿Con/sin garaje?	
• ¿Con/sin teléfono?	
• ¿Con/sin calefacción y agua caliente central?	
• ¿Precio máximo?	

8 Ahora escriba otro anuncio donde ofrece VENDER su propia casa. Dé el mayor número posible de datos.

CARACTERÍSTICAS NECESARIAS	ANUNCIO
• ¿Chalet/apartamento?	
• ¿Ciudad y país?	
• ¿Lejos/cerca del centro?	
• ¿Bien/mal comunicado?	
• ¿Dirección completa?	
• ¿Número de metros cuadrados?	
• ¿Número de habitaciones?	
• ¿Número de cuartos de baño?	
• ¿Sistema de calefacción?	
• ¿Qué muebles en cocina?	
• ¿Precio que pide?	

9   Presente de verbos regulares. Ponga el infinitivo en la forma correcta.

- Mi hermana (trabajar)................................en TV.
- ¿Dónde (vosotros) (estudiar).........................?
- Ese señor (vender)...................................pisos.
- (Nosotros) (leer) ....mucho.
- (Yo) (vivir) ....en el centro de la ciudad.

- (Tú) (abrir) ....la ventana.
- ¿Qué (vosotras) (mirar) ....?
- Mis padres nos (visitar)...............todas las semanas.
- Los domingos (nosotros) (comer) ....en casa.
- ¿Qué (tú) (escribir).....................................?

10   Presente de TENER. Ponga el infinitivo en la forma correcta.

- ¿Cuántos años (tú) (tener) ....?
- La casa no....................................ascensor.
- (Nosotros)......................un apartamento pequeño.
- (Yo)................................dos hijas.

- (Vosotras) ....muchos problemas.
- (Ustedes)..................un profesor nativo.
- (Ellas) no ....dinero.

11   Pronombres personales sujeto. Ponga la forma correspondiente al verbo. Puede haber varias posibilidades.

- ¿De dónde es ....?
- ....estamos casados.
- ¿Cuántos hijos tienen ....?
- ¿Por qué tenéis ....dos apellidos?
- ....no puedo dormir.
- ¿Cómo te llamas...?
- ¿Cómo estáis...?

USE
yo
tú
él, ella, usted
nosotros/ as
vosotros/ as
ellos, ellas

12   SE + 3ª persona singular/plural del presente. Ponga el infinitivo en la forma que se pide.

Ejemplo: (Alquilar) piso exterior = Se alquila piso exterior.

(Alquilar) pisos = Se alquilan pisos.

- (Vender) alfombras persas. ....
- (Necesitar) chalet adosado. ....
- (Hablar) inglés. ....
- ¿Dónde (poder) dormir? ....
- ¿Cómo (escribir) sus apellidos? ....
- ¿Cuándo (usar) DON? ....
- Aquí no (fumar). ....

USTED HA APRENDIDO A...

A DESCRIBIR CARACTERÍSTICAS DE LOS LUGARES DONDE SE VIVE

13 **Describa el piso que se alquila. Fíjese en los datos que se piden en el recuadro.** (Puede tener en cuenta el ejercicio 5.)

> ### DATOS NECESARIOS
>
> - ¿alquiler mensual?
> - ¿dónde está el piso?
> - ¿número de teléfono?
> - ¿nombre del edificio?
> - ¿número de dormitorios?
> - ¿ascensor?
> - ¿exterior o interior?
> - ¿tipo de cocina?
> - ¿qué electrodomésticos tiene?

B INDICAR SITUACIONES EN UN PLANO

14 **Diga dónde están: ventana/puerta/mesa/sofá/sillas/cama.**

> ### USE
>
> a la izquierda
> a la derecha
> en el centro
> entre..... y.....
> en la parte superior/inferior
> (derecha/izquierda)
>
> al lado derecho/izquierdo de....
> alrededor de ......

ARAGÓN, LA RIOJA

Extensión: 52.765 km²
Población: 1.465.867
Idioma: español

Aragón ocupa una extensa depresión entre los Pirineos, al norte, y el sistema Ibérico al sur, por cuyo centro corre el río Ebro, el más caudaloso de España.

La Rioja, región famosa por sus vinos y sus productos agrícolas, ocupa un pequeño pero privilegiado territorio en el valle del Ebro, entre Castilla, País Vasco, Aragón y Navarra.

Está visto que los españoles formamos un cuerpo difícil de desintegrar. ¿Quién dijo que puede vencerles la soledad del destierro?

Mª Teresa León, **Memoria de la melancolía**

He viajado mucho, he recorrido casi todo el globo y mi ideal habría sido quedarme en Huesca.

Ramón J. Sender

Mexico

LA CIUDAD

Cádiz

Lima

Barcelona

Caracas

- Indicar direcciones en la ciudad.
- Indicar permisos o prohibiciones.

- Contracciones.
- HAY.
- TENER QUE ≠ HABER QUE.
- Género y número de los adjetivos.
- Adjetivos invariables.

¿LO ENTIENDE?

1 ¿A dónde va usted? Escuche las necesidades y numere las fotografías.

☐ Museo de pinturas

☐ Quiosco de periódicos

☐ Banco

☐ Estanco

☐ Estación de RENFE

☐ Universidad

☐ Hospital

2 Escuche la cinta e identifique los edificios públicos en este plano.

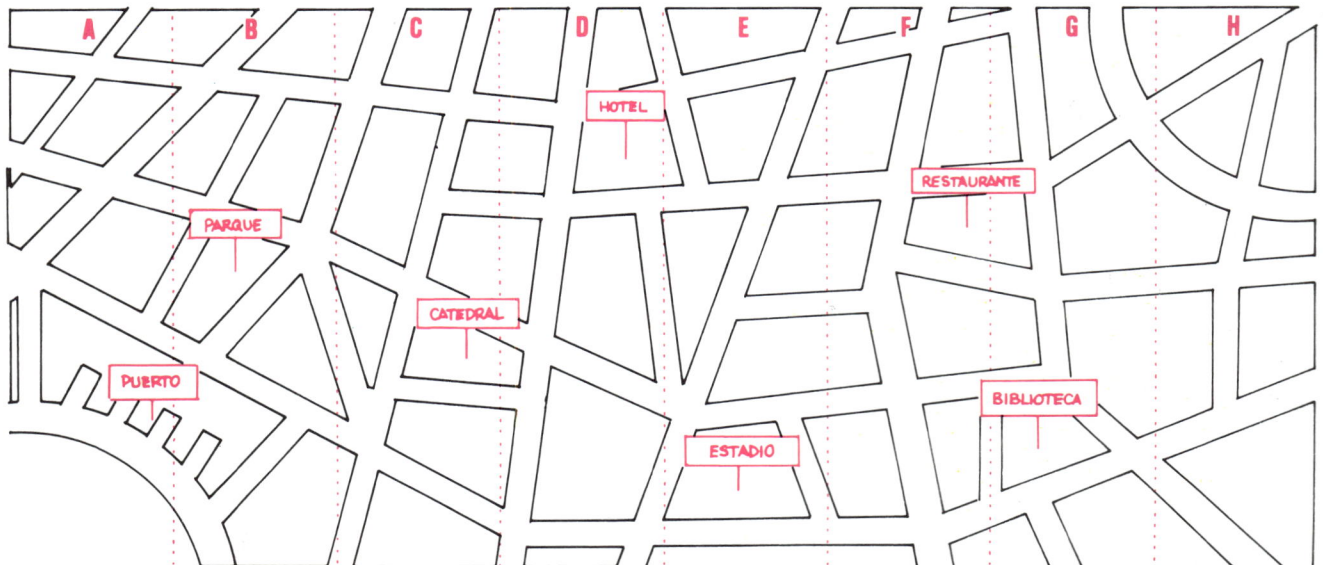

3 Estudie este gráfico y dé las direcciones adecuadas.

Su amigo/a

USE LAS PALABRAS EN *CURSIVA*

Ejemplo:

1. Entonces *tiene que ir primero al* banco y *después* a la agencia de viajes. El banco *está en la calle* Maestro Falla y la agencia de viajes, en la calle Maestro Bretón.

• Banco: *Tiene que ir por la calle* Maestro Caballero *hasta la* cuarta a la derecha. El banco *está a la derecha.*

• Agencia de viajes: *Tiene que volver, desde* el banco, *a la calle* Maestro Caballero y *luego torcer por la primera a la derecha.* La agencia *está a la izquierda.*

1. Su amigo/a quiere ir a comprar un billete de avión, pero antes tiene que cambiar dinero.

2. Su amigo/a quiere comprar unos libros y luego visitar a su madre que ha tenido un accidente de tráfico.

3. Su amigo/a quiere comprar aspirinas y luego echar un carta.

4. Su amigo/a quiere ver una buena película, después de tomar una cerveza.

5. Su amigo/a quiere denunciar un robo y después buscar una habitación para dormir.

6. Su amigo/a quiere matricularse en un curso de verano y después ver cuadros famosos.

7. Su amigo/a quiere conocer el estilo gótico, pasear por un lugar tranquilo y comer.

4 Interprete estas señales. Una con flechas.

8.

10.

7.

2.

1.

- Prohibido fumar.
- Prohibido adelantar.
- Dirección única.
- Prohibido el paso.
- Prohibido girar a la izquierda.
- Aparcamiento.
- Se prohibe aparcar.
- Velocidad máxima 40 km.
- Área peatonal.
- Prohibido girar a la derecha.

6.

3.

5.

9.

4.

5 Lea esta noticia del periódico e identifique las palabras destacadas con las definiciones de diccionario que se dan.

/../: Cuantía de un gasto, una deuda, un crédito, etc.

/../: Pequeño departamento aislado en el que está instalado un aparato telefónico.

/../: Engañar a alguien económicamente.

/../: Privado (alguien) de la libertad, ingresado en prisión o lugar semejante.

/../: Se aplica a la persona que usa una cosa ajena, por derecho o concesión.

/../: Se dice de lo hecho a escondidas y a espaldas de la ley.

/../: Lista de precios, derechos o impuestos de algo.

/../: Pequeña dependencia donde se celebran las conferencias telefónicas en oficinas públicas.

Estafan 20 millones de pesetas a Telefónica

IDEAL

MADRID

Tres individuos han sido detenidos por la Policía en Madrid acusados de estafar veinte millones de pesetas a Telefónica por medio de un locutorio clandestino desde donde efectuaban llamadas internacionales. Los detenidos alquilaron un piso y corrieron la voz entre los usuarios de cabinas para llamadas internacionales de que en la dirección indicada existía un locutorio con una reducción del 90% en el importe de la tarifa oficial.

6 Mire la página 27 y escriba una nota a su amigo indicándole cómo tiene que ir al museo desde la estación de ferrocarril.

Nota:

7 Escriba una nota a su amiga con las normas de esta biblioteca.

Interprete las señales:

HORARIO DE LECTURA

Nota:

USE ESTAS EXPRESIONES

No se puede...
hacer ruido
llevar perros
fumar
hablar en voz alta
entrar con bolsos/carteras

8 **Contracciones. Utilice la fórmula adecuada (AL o DEL) en los casos en que sea posible.**

- Vengo de .... médico.
- Vamos a .... cine.
- Prohibido girar a .... izquierda.
- Estas camas son de .... niñas.
- Nos vemos a .... cinco.

- Hay que ir a .... Ayuntamiento.
- Es el coche de .... médico.
- El aparcamiento de .... hospital.
- Vamos a .... teatro esta noche.
- Este autobús va a .... Universidad.

9 **Para expresar obligación impersonal se usa HAY + QUE + infinitivo.**

Para expresar obligación personal se usa TENER + QUE + infinitivo.

Ahora transforme las siguientes oraciones, según el ejemplo:

Ejemplo: Tenemos que cambiar dinero = **Hay que** cambiar dinero.

- Tenemos que comprar el periódico. ....
- Tienes que ver los cuadros de Velázquez. ....
- Tengo que comprar sellos. ....
- Tienen que matricularse. ....
- No tenemos que ir al médico. ....
- Tiene usted que coger esa calle. ....

> **Observe que la forma HAY sirve para el singular y para el plural.**
>
> **Ejemplos:**
> Hay un supermercado en la esquina.
> Hay flores en las ventanas.
> No hay mucha gente aquí.

10 **Género y número de los adjetivos. Escriba las terminaciones.**

- Los cuadros del Prado son

  muy famos...................
- Ésa es una buen................... película.
- Me gustan sus últim................... canciones.
- Este lugar es muy tranquil...................

- María dice que está muy content...................
- Necesito un apartamento modern...................
- Esta catedral es de estilo gótic...................

11 **Género y número de los adjetivos.**

Ejemplo: Equipo español/mujer española.

- Coche alemán/música ....
- Pueblo francés/ciudad ....
- Clima inglés/vida ....
- Cante andaluz/playa ....
- Hombre hablador/mujer ....

> **Observe estos adjetivos invariables en género.**
>
> - Piso/habitación <u>exterior.</u>
> - Hombre/mujer <u>libre.</u>
> - Chico/chica <u>joven.</u>
> - Escritor/canción <u>sentimental.</u>

USTED HA APRENDIDO A...

A INDICAR DIRECCIONES EN LA CIUDAD

12 Usted está en el punto X. Indique cómo llegar a los lugares señalados en el plano.

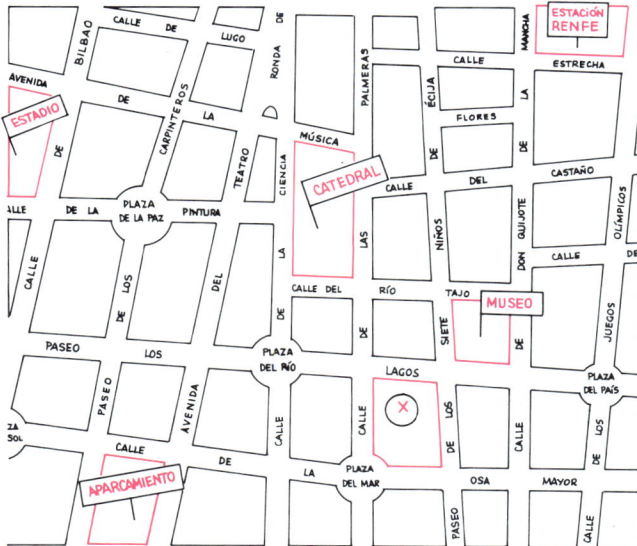

USE

hacia arriba/ abajo

a/hacia la izquierda/ derecha

primero/ luego/ después

ir hasta...

primera/ segunda/ tercera
calle a la derecha/ izquierda

tener que/ hay que...

torcer por la...

B INDICAR PERMISOS O PROHIBICIONES

13 ¿Qué significan estas señales?

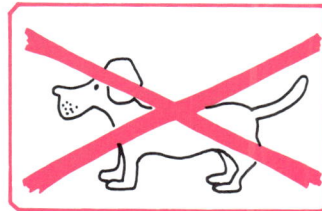

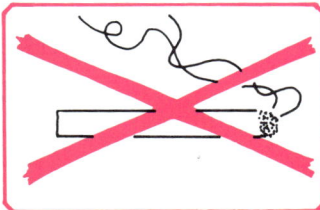

USE

Se puede / no está prohibido
No se puede / está prohibido

Hacer fotos / llevar perros / sacar
dinero / cambiar dinero/ fumar
/ hablar...

ASTURIAS, CANTABRIA

Extensión: 15.925 km²
Población: 1.661.096
Idioma: español

Ambas regiones están bañadas por el mar Cantábrico. Tienen una climatología muy lluviosa, por lo que en los valles y montañas predomina la vegetación. Su principal fuente de riqueza son las minas de carbón y la ganadería. En sus montañas se refugiaron los cristianos en la invasión árabe del 711.

Qué claridad de playa al mediodía,
qué olor de mar, qué tumbos,
cerca, lejos (...)

Gerardo Diego, **Cuarto de baño**

Un pueblo libre y alegre será precisamente activo y laborioso, y siéndolo, será bien morigerado y obediente a la justicia.

G. Melchor de Jovellanos, **Memoria**

Vetusta (Oviedo) dormía
la siesta.

L. "Alas" Clarín, **La Regenta**

EL PAÍS

BIENVENIDO a *O ESPAÑA

- **Proponer, aceptar o rechazar algo.**
- **Situar e identificar lugares.**

- **Sistema numeral.**
- **Pronombres personales átonos.**
- **Verbos pronominales.**

¿LO ENTIENDE?

1 ¡HAY QUE CONOCER ESPAÑA! ¡Haga este examen! Consulte el mapa y conteste a las preguntas de la cinta.

1

2

3

4

5

6

7

8

9

10

LAS CALIFICACIONES ESPAÑOLAS:

0 - 4: SUSPENSO.

5 - 6: APROBADO.

7 - 8: NOTABLE.

9 - 10: SOBRESALIENTE.

• ¿Qué nota ha sacado usted en este ejercicio?

¡HABLE USTED!

2 Escuche la cinta. Identifique los términos geográficos y sitúe en el mapa los nombres propios que se dan.

• Ahora ya sabe qué son estos nombres ¡Dígalo!

- **Sanabria** no es un mar, pero lo parece.
- **Ibiza** es parte de un archipiélago.
- En la **Nevada** se puede esquiar en abril.
- **El Mulhacén** tiene nombre árabe.
- Desde **Finisterre** se ve el Atlántico.
- En **Arán** hay un moderno Parador de Turismo.
- El **Tajo** es navegable en Lisboa.
- Las dos de **Benidorm** están llenas de turistas.
- El **Mediterráneo** es el más contaminado.
- **La del Sol** es la más turística de todas.

TÉRMINOS GEOGRÁFICOS

• río	• mar
• playa	• sierra
• lago	• montaña
• costa	• isla
• valle	• cabo

3 Escuche la cinta y luego haga las preguntas y ayude en las respuestas.

1. ¿...................? Bueno, sé que es un país................ Tiene 500.000 km² de extensión y casi............... de costas, con...................

2. ¿...................? ...., una larga cadena de montañas de 430 km ....

3. ¿...................? Sí, el Cantábrico,........................, el Mediterráneo, ... y el Atlántico,...................

4. ¿...................? Están........................ la costa occidental de África,................... 1.100 km...................

5. ¿...................? Sí, es el río........................... de España y pasa por Zaragoza.

6. ¿...................? .... Aragón, Cataluña, Galicia y Castilla.

7. ¿...................? Cuatro: ...., en todo el país, ...en Cataluña, el gallego, ...y...........en Euskadi o el País Vasco.

35

4 Lea estas dos noticias de prensa.

Son las once de la mañana, la misma hora en Canarias

Debate en las islas sobre la propuesta de un diputado a favor de que se unifique el horario con la Peninsula

Tenerife

La petición de un diputado canario del Grupo Mixto, de unificar la hora de las islas con la del resto del país es, entre bromas y veras, tema de comentario este verano en el archipiélago. El diputado cree hablar con propiedad desde una tierra que cuenta con los mejores telescopios de Europa para observar el Sol, el astro que marca el tiempo. Su propósito no es reivindicar el meridiano cero, que estuvo en Hierro antes que en Greenwich (Reino Unido), sino "acabar con una discriminación".

Ahora conteste a las preguntas:

• ¿Qué exigen los industriales?...

....

• ¿Cómo se llama el programa de la Diputación Provincial de Cádiz?.....................

....

• ¿Dónde está Algeciras?...

....

• ¿Por qué es importante el Campo de Gibraltar, según el informe?.....................

....

• ¿Es verdad el título?...

....

• ¿Quién hace esta petición?...

....

• ¿Cuál es esta petición?..

....

• ¿Qué significa "entre bromas y veras"?..

....

• ¿Qué dice el diputado que hay en Canarias?...

....

• ¿Cuál es el verdadero propósito del diputado?...

....

Industriales del Campo de Gibraltar exigen un aeropuerto para la comarca

Algeciras

La Cámara de Comercio, Industria y Navegación del Campo de Gibraltar exige que la comarca cuente con un aeropuerto propio y que el puerto de Algeciras sea potenciado, con inversiones que dupliquen las actuales. Éstas y otras cuestiones relacionadas con la necesidad de una mayor infraestructura en materia de comunicaciones, se incluyen en un documento elaborado por el referido organismo y entregado recientemente al presidente de la Diputación Provincial de Cádiz, para su inclusión en el programa denominado *Pacto para el 92*, elaborado por el organismo provincial.

En el informe se destaca la importancia del Campo de Gibraltar como nudo de enlace entre Europa y el norte de Africa, además de la cercanía con la colonia británica de Gibraltar, "lo que hace que tanto la Comunidad Europea *como* la OTAN se muestren interesadas en las comunicaciones con el continente africano, como punto de conexión con el resto del mundo".

5 En este anuncio hay cuatro excursiones opcionales. Proponga a su amigo/a cada una de estas opciones.

PUEDE USAR

- ¿Quieres...?
- ¿Vamos a...?
- ¿Te gustaría...?
- ¿Te apetece/gusta...?
- ¿Por qué no vienes/vamos a...?

JUNIO:	JULIO:
Picos de Europa	*Marruecos*
7 DIAS	7 DIAS
AGOSTO:	SEPTBRE.:
Galicia	*Paris*
7 DIAS	7 DIAS

1ª OPCIÓN	2ª OPCIÓN	3ª OPCIÓN	4ª OPCIÓN

6 Ahora su amigo/a acepta una y rechaza las otras.

PARA ACEPTAR

- Sí, de acuerdo.
- ¡Vale!
- ¡Qué bien!
- ¡Estupendo!
- Me parece una buena idea.
- Sí, me apetece mucho.

PARA RECHAZAR

- No, no puedo.
- No me interesa.
- No me gusta.
- No, me es imposible porque...
- Lo siento, pero es que...
- No, prefiero...

1ª OPCIÓN	2ª OPCIÓN	3ª OPCIÓN	4ª OPCIÓN

7 **Sistema numeral. Lea estas frases.**

- Esta mesa tiene 1,60 de largo.
- La Coruña está a 600 km de Madrid.
- Peso 75 kilos.
- Sierra Nevada está a 35 km de Granada.
- Este coche cuesta 1.500.000 pesetas.
- España tiene 5.000 km de costas.

- Este disco vale 850 pesetas.
- Gana 250.000 al mes.
- El café con leche me costó 110 pesetas.
- América se descubrió en 1492.
- Mi padre nació en 1903.

8 **Pronombres personales átonos. Ponga la forma adecuada.**

Ejemplo: Él no escucha (a mí) = No **me** escucha.

- No ve (a nosotros). ....
- Llaman por teléfono (a ti). ....
- Doy las gracias (a vosotros). ....
- Vi ayer (a él). ....
- Saludé ayer (a ella). ....

- He dado mi dirección (a ellos). ....
- Vi (a ellas) la semana pasada. ....
- Estoy escribiendo una carta (a ellas). ....
- No comprendo (a usted). ....
- Les oigo (a ustedes). ....

9 **Pronombres personales átonos. Sustituya los sustantivos subrayados.**

Ejemplo: Compré **un libro** = **Lo** compré.

- Vi **a Marta** en el metro. ....
- Regalé un libro **a María**. ....
- Envié **el paquete** por correo. ....
- Recibí **la carta** ayer. ....
- He visto **a tu hermano** en la discoteca. ....
- Dio las gracias **al camarero**. ....
- Sacamos **las entradas** para el teatro. ....
- No escribió **a sus tíos**. ....
- No veo **los libros**. ....

10 **Verbos pronominales. Escriba la forma del pronombre personal adecuada.**

Ejemplo: A mí no .... gusta esta película. A mí no **me** gusta.

- A ella .... encanta el chocolate.
- A nosotros .... gusta el fútbol.
- A ustedes .... molesta el ruido.
- A mis hermanos .... encanta la playa.

- ¿Qué .... parece a vosotros ese cuadro?
- ¿ .... molesta a ti esta música?
- A mí no .... parece bien.
- A usted .... encanta hablar.

USTED HA APRENDIDO A...

A SITUAR E IDENTIFICAR LUGARES

11 ¿Cúal es la pregunta?

1. ¿..? Tiene 500.000 km².

2. ¿..? Es Sevilla.

3. ¿..? Está en Granada.

4. ¿..? En Cataluña.

5. ¿..? Al oeste del Sahara y a unos 1.100 km al sur de Cádiz.

6. ¿..? El río que pasa por Toledo es el Tajo.

7. ¿..? Y por Zaragoza, el Ebro.

8. ¿..? Son los Pirineos.

B PROPONER ALGO; ACEPTARLO O RECHAZARLO

12 Use algunas de estas fórmulas.

Ir a Galicia.
Ir a la discoteca.
Ver la televisión.
Escuchar música de jazz.
Salir esta noche.
Venir a casa.

- ¿Quieres/quiere usted?
- Te/ le parece/gusta...?
- Sí, de acuerdo.
- Vale.
- ¡Estupendo/Qué bien!
- No, no puedo. Gracias.
- No me interesa, gracias.
- No, prefiero...

CASTILLA

Extensión: 181.711 Km^2
Población: 9.202.181
Idioma: español

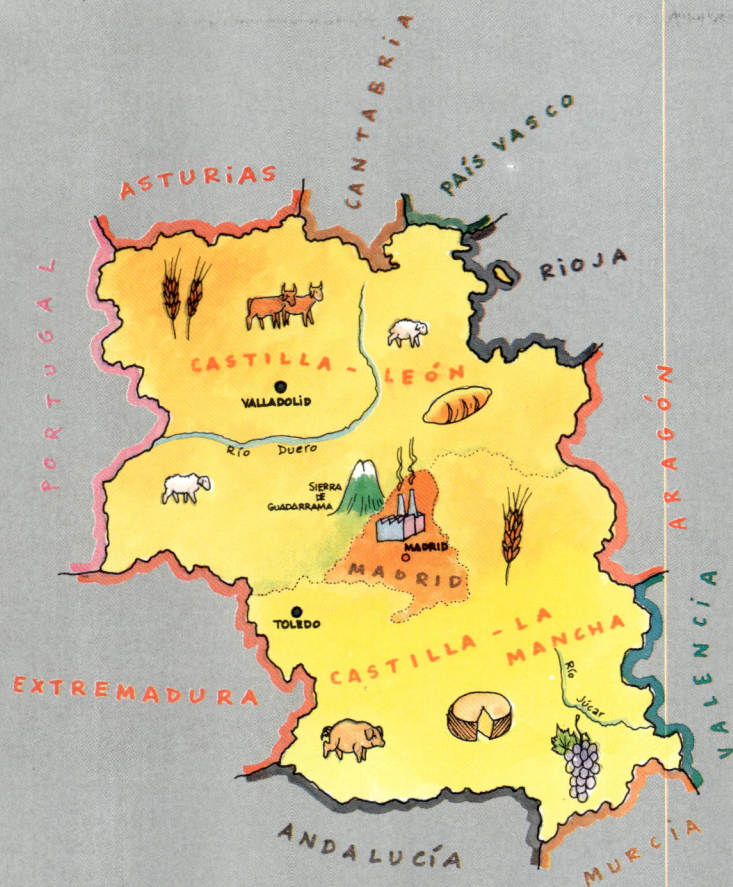

Debe su nombre a la gran cantidad de castillos que tuvo en su época de esplendor en la baja Edad Media. Está formada por dos mesetas, la meridional, ocupada por Castilla-La Mancha, y la septentrional, por Castilla y León. En la zona centro se encuentra Madrid, que es la primera ciudad y la capital de España. Tiene un clima seco propicio para el cultivo de cereales; es el granero de España.

Castilla es ancha y plana
como el pecho de un varón.

A. Machado, **Campos de Castilla**

De Madrid al cielo.

Dicho madrileño

En un lugar de la Mancha,
de cuyo nombre no quiero acordarme...

M. de Cervantes, **Don Quijote de la Mancha**

LOS VIAJES: TRANSPORTE PÚBLICO Y PRIVADO

- Describir acciones en el presente.
- Describir acciones en el pasado.
- Demostrativos.
- Posesivos.
- Verbos pronominales.

1 Consulte el cuadro y conteste a las preguntas.

TRENES DIARIOS MADRID-BILBAO
TALGO
Salida: 15,40
Llegada: 21,25
EXPRESO
Salida: 23,35
Llegada: 7,55

TRENES MADRID-BILBAO. TARIFAS DE PRECIOS
TALGO
1ª. Clase: 7.040 Ptas.
2ª. Clase: 3.900 Ptas.
Servicio de Restaurante.
EXPRESO
1ª. Clase (Coche-cama): 9.100 Ptas.
2ª. Clase (Literas): 3.680 Ptas.

Trenes diarios: 2 ☐   7 ☐   4 ☐

Talgo: Restaurante   SÍ ☐   NO ☐

Hora de salida: ☐

Hora de llegada: ☐

Duración del viaje: | 5 | | | | | 6 | | | | 7 |

Expreso: coches camas ☐   literas ☐

Diferencia de precio entre 1ª y 2ª.

2 Escuche la cinta, consulte el mapa de carreteras y diga a dónde llega o qué debe hacer.

3 La película muda. Explique la acción.

VOCABULARIO NECESARIO

- Alquilar un coche pequeño.
- Dos días.
- Salir de viaje.
- La policía lo para.
- Coche robado.
- Quiere presentar una reclamación.
- Agencia no existe.
- Es un timo.

• **Después este señor va a presentar una denuncia a la comisaría de policía.**

4 Escuche el diálogo y conteste a las preguntas:

• ¿Cuándo alquiló el coche? Por la mañana/ Por la tarde/ Ayer.

• ¿Cómo se llamaba la agencia? "Servicio urgente"/ "A su servicio"/ "El servicio seguro".

• ¿Cómo pagó el alquiler? Con tarjeta de crédito/ Con cheques de viaje/ Por adelantado.

• ¿Qué le pidió la policía? El recibo de pago/ El carnet de conducir/ La documentación del coche.

• ¿Cómo volvió a la agencia? En taxi/ En el coche de la policía/ En tren.

• ¿Cuánto dinero pagó? 25.000 ptas./ 20.000 ptas./ 15.000 ptas.

• ¿Qué le hicieron a este señor? Un robo/ Un timo/ Una estafa.

5 Lea estos anuncios e identifique las expresiones con números.

LAS SEÑALES Y TU SEGURIDAD TE MARCAN LA VELOCIDAD.

Si no te pasas de velocidad es difícil que te salgas de la vía, de la pista: es muy raro despistarse.
Sabes que si te pasas de velocidad, pasa... que te despistas y te sales de la vía, pasa... un 36 % de accidentes.
Menudo despiste.
Ya sabes: A mayor velocidad, menos tiempo para reaccionar. No sobrepases tus límites, tu techo. Las señales marcan la velocidad, tu seguridad te la marcas tú.
Por favor. No te pases, no te despistes.

OJO

TE LO DICE UN AMIGO.

≠ **Dirección Gral. de Tráfico**

Ministerio del Interior

Doris-Benton & Bo

• ¡ojo!	1		• ¡pon atención!	
• despistarse			• estropear/ hacer que un proyecto no llegue a su fin	
• pasa			• ayuda	
• ya sabes			• estar en situación de alerta	
• a mayor velocidad			• sin pagar nada	
• esté donde esté			• extensión/ oferta/ puesta en práctica	
• vía/pista			• ¡cuidado!	1
• ponerse en guardia			• perderse/ extraviarse	
• asistencia			• incidente o circunstancia negativos.	
• despliegue			• ocurre/ sucede	
• nublar			• llevar un vehículo a otro tirando de él	
• eventualidad			• no importa la situación/ en lugar	
• remolcar			• carretera	
• gratuitamente			• si corres más	

6 Escriba sus impresiones sobre el viaje y el lugar con los siguientes datos.

DATOS POSITIVOS	
VIAJE	• viaje cómodo • viaje rápido
LUGAR	• buen tiempo • playa grande/limpia • hotel confortable/moderno

DATOS NEGATIVOS	
VIAJE	• muchos fumadores • mala carretera • mal horario
LUGAR	• muchos niños pequeños • demasiada gente • mala comida • mucho ruido (de noche)

TARJETA POSTAL

COSTAS LAS DE ESPAÑA
VAYA A LA PLAYA DE SAN JUAN
MADRID-ALICANTE.

Salidas diarias a las **10,00 h., 18,00 h. y 24,00 h.**

ENATCAR

7 **Demostrativos. Coloque la forma adecuada.**

- Aquí hay una agencia de viajes;...........................agencia es de Iberia.

- Aquí hay varios taxis;...........................taxis están libres.

- Ahí hay un policía;...........................policía tiene un uniforme azul.

- Ahí hay unas llaves;...........................llaves son del coche.

- Allí hay un libro;...........................libro es una novela.

- Allí hay unos señores;...........................señores son profesores.

OBSERVE
aquí......este, esta, estos, estas
ahí......ese, esa, esos, esas
allí......aquel- la- llos- llas

8 **Demostrativos neutros (ESTO, ESO, AQUELLO). Conteste a las preguntas como en el ejemplo.**

Ejemplo: ¿Qué es **esto**? **Esto** es un horario de trenes.

- ¿Cómo es esto?...........................(muy fácil).
- ¿Dónde está eso?...........................(en la plaza Mayor).
- ¿Qué es aquello?...........................(un ordenador).
- ¿Cuándo pasó eso?...........................(el mes pasado).

- ¿Qué es eso de ahí?...........................(un cenicero).
- ¿Dónde fue eso?...........................(en Zaragoza).
- ¿Cuánto es esto?...........................(85 pesetas).
- ¿Cómo se llama aquello?...........................(Edificio Picasso).

9 **Posesivos. Ponga la forma adecuada.**

PRIMERA PERSONA SINGULAR

- ....amigo estudia español.
- Aquí tengo ....libros.

PRIMERA PERSONA PLURAL

- ....amigos están de vacaciones.
- Ésta es ....calle.
- ....coche es BMW.
- ....camas son muy cómodas.

SEGUNDA PERSONA SINGULAR

- Ahí están...........................cosas.
- He visto a ....hermano.

SEGUNDA PERSONA PLURAL

- Éstos son...........................billetes.
- Ésta es ....habitación.
- ....copas están vacías.
- ....tío ha llamado.

TERCERA PERSONA SINGULAR/ PLURAL USTED/ USTEDES

- ¿Cuál es ....nombre?
- No me gusta...........................cara.
- ....padres son franceses.

10 **Pretérito indefinido. Conteste a las siguientes preguntas repitiendo el tiempo verbal.**

- ¿Qué hiciste el domingo?...........................
- ¿Dónde estuvo usted ayer?...........................
- ¿Cuándo construyeron esa casa?...........................
- ¿Qué te dijo tu padre?...........................

- ¿Cuál de los dos te gustó más?...........................
- ¿Por qué empezó el curso tarde?...........................
- ¿Con quién estuvieron?...........................
- ¿Cómo fueron ustedes allí?...........................

USTED HA APRENDIDO A...

A DESCRIBIR ACCIONES EN EL PRESENTE

11 ¿Cómo pasa usted el tiempo en un viaje en tren?

USE
leer un periódico/ libro
ir al coche restaurante
ir al servicio
hablar con los viajeros
dormir un poco
mirar el paisaje
escribir una carta
etc., etc.

B DESCRIBIR ACCIONES EN EL PASADO

12 En la siguiente historia hay algunos datos que no coinciden con los del ejercicio 3.

Cuente usted lo que ocurrió:

La señora alquiló un coche grande para una semana. Pagó con una tarjeta de crédito y llevó el coche a su casa. Por la mañana salió de viaje. Dos policías la pararon en la carretera, le pidieron el carnet de conducir y le miraron el equipaje. El coche era robado. La señora volvió en tren a la ciudad, y fue a la agencia.

Allí le dijeron que no sabían nada. Ella fue a la comisaría y presentó una denuncia.

CATALUÑA

Extensión: 32.114 km²
Población: 6.079.903
Idioma: catalán y español.

Es una de las regiones más prósperas de España. Se encuentra en el extremo noreste peninsular. La cordillera de los Pirineos hace de frontera natural con Francia. La industria textil y química es su principal fuente de recursos. Se formó en la Edad Media como condado, que en 1137 se incorporó a la corona de Aragón. Al unirse a Castilla, en 1476, se constituyó España como único reino.

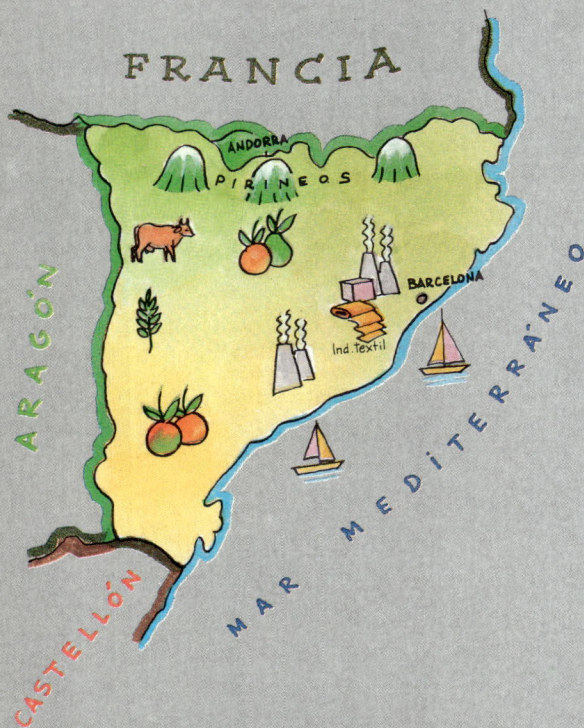

Veo allá el Pirineo con sus nieves rosadas,
y enfrente, Cataluña, extendida a sus pies.

Joan Maragall, **Oda a España**

De todas las historias de la Historia
sin duda la más triste es la de España,
porque termina mal.

J. Gil de Biedma, **Moralidades**

Lejos del puerto de refugio
lavarás
en aguas de esperanza
toda la sangre
de esta pisoteada
piel de toro = España.

S. Espriu, **Poema de la piel de toro**

HOTELES Y ALOJAMIENTO

PALACE

- Expresar gustos y preferencias y explicar por qué.
- Manifestar desacuerdo.

- Pretérito imperfecto.
- IR A + infinitivo.
- Expresión de la hora.

¿LO ENTIENDE?

1 Rellene el cuadro con la información que escuche.

	HOTEL INDALO	PARADOR NACIONAL
Número de habitaciónes: dobles sencillas		
• ¿Situación?		
• ¿Piscina?		
• ¿Discoteca?		
• ¿Bar/restaurante?		
• ¿Baño en habitación?		
• ¿Teléfono en habitación?		
• ¿TV en habitación?		
• ¿Precio por noche?		
• ¿Antiguo/moderno?		
• ¿Grande/pequeño?		
• ¿Categoría?		

2 Complete la conversación telefónica con la recepción del Hotel Indalo. Escuche la cinta.

Recepcionista: Hotel Indalo, dígame.
Cliente: (Saluda por la mañana y pide una habitación para algunos días en julio.)

Recepcionista: (Le pregunta qué días exactamente.)
Cliente: Del cuatro al ocho.

Recepcionista: ¿Cuatro noches?
Cliente: (Está de acuerdo.)

Recepcionista: Un momento, señor. (Pregunta qué tipo de habitación quiere; para una o dos personas.)
Cliente: La quiero doble.

Recepcionista: Muy bien, señor. (Le pregunta su nombre.)
Cliente: Sí, Antonio Gascón García. (Le pregunta el precio.)

Recepcionista: Son 7.000 pesetas más IVA.
Cliente: (Le pregunta si el precio es con desayuno.)

Recepcionista: Sí, señor.
Cliente: (Pregunta si hay piscina.)

Recepcionista: Sí, y también acceso directo a la playa.
Cliente: (Da las gracias y se despide.)

3 Lleve la contraria. Escuche la cinta y difiera de los gustos de la persona que habla.

LE GUSTA

- Levantarse tarde.
- Acostarse tarde.
- Desayuno fuerte.
- Bañarse y asearse bien.
- Leer el periódico.
- Vestirse elegantemente.
- Tomar el aperitivo en una terraza de verano.

4 ¿Hotel o camping?, ¿qué prefiere?, ¿por qué? Escuche la cinta y resuma primero las ventajas del camping.

CAMPING

- Precio.
- Naturaleza.
- Comidas.
- Contactos sociales.
- Clima.
- Reservas de plazas.

Ahora defienda las ventajas del hotel, mencionando estos puntos:

HOTEL

- Cómodo.
- Limpio.
- Dentro de la ciudad.
- Todos los servicios.
- ¿Más?

USE

me gusta más…

prefiero…

me encanta…

porque…

5 Lea estos dos anuncios y diga qué chalets/ apartamentos le gustan más y por qué.

VENTAJAS QUE DEBE MENCIONAR

- situación
- precio
- características de construcción
- facilidades deportivas
- metros cuadrados
- número de habitaciones
- servicios extras que ofrecen

Chalets de 210 a 346 m² desde 19.400.000 pts. (en parcela de 500 m²)

LAS PRADERAS
Km. 32 Autovía Madrid-Toledo

Dentro del Conjunto Residencial SEÑORIO DE ILLESCAS, una gran ciudad-jardín que contará con amplias zonas residenciales, comerciales, culturales y un CLUB DE CAMPO de alto nivel, con instalaciones de Golf, Hípica, Vela, Pistas de hielo, Polideportivos, etc..., estamos construyendo la urbanización LAS PRADERAS.

Está compuesta de 4 manzanas de chalets adosados, con parcela propia de 250 m² y con una zona ajardinada común, piscina, tenis, parque infantil y jardines de ocio entrelazados por hermosas zonas peatonales.

Los chalets, con sistemas de seguridad integrados y cuyas superficies oscilan entre 210 y 346 m² tienen un esmerado diseño de fachada e interiores y unas cuidadísimas calidades entre las que destacan:

- Aislamiento térmico y acústico con doble acristalamiento climalit en toda la vivienda.
- Carpintería exterior en madera noble barnizada e interior barnizada y lacada.
- Suelos de tarima en zonas nobles y moquetas en dormitorios.
- Chimenea francesa en salón.
- Baños y aseos totalmente en mármol.
- Calefacción central por propano con control termostático en cada planta.
- Cocina totalmente amueblada.
- Presistema de seguridad y puerta de acceso blindada.
- Televisión vía satélite.
- Jardines totalmente terminados para cada chalet.
- Piscina y tenis.
- Barbacoa en jardín.

Información en la oficina de ventas de la propia Urbanización Km. 32 Autovía Madrid-Toledo. Tels.: (925) 51 34 00 - 51 34 04

DEPROSA
Infanta Mercedes, 90 - 28020 Madrid
Telfs: 571 33 61 - 571 34 77 - 571 35 93

CONTAMOS EN ESTA REALIZACION CON:

UNION FENOSA — Proporciona la energía eléctrica a toda la urbanización.

RENFE — Colabora en la instalación de la estación de ferrocarril propia en la urbanización.

Campsa — Area de servicio con gasolinera en la urbanización.

Financiación: BANCO HIPOTECARIO

URBANIZACION CON GAS CANALIZADO — REPSOL BUTANO

Al pie del campo de golf.

Bendinat, al borde del mar y a sólo 10 minutos de Palma, con sus 300 hectáreas cubiertas de pinos, campo de golf y soberbios diseños arquitectónicos, es la zona más exclusiva de Mallorca.

Al pie del campo de golf de la Urbanización, están ahora en venta los últimos apartamentos del complejo residencial Golf de Bendinat, cuya entrega está prevista para la próxima primavera. Son apartamentos de 1, 2 y 3 habitaciones, todos con amplias terrazas, magníficas vistas al Real Golf de Bendinat, cocinas completamente equipadas, chimeneas auténticas, de piedra, calefacción central a gas, toma de TV vía satélite, piscina interior y exterior climatizadas, sauna y jacuzzi. Calidad excepcional para una arquitectura mediterránea clásica. Precios desde 15.750.000 hasta 32.000.000 de pesetas.

Los residentes pueden ser miembros de nuestro Anchorage Club, situado en la playa, centro social de indiscutible prestigio, donde aún existe la posibilidad de adquirir algunos de los incomparables apartamentos diseñados por François Spoerry, el arquitecto de Port Grimaud, desde 47.000.000 de pesetas.

Y, si lo que prefiere es un estilo propio, podemos ofrecerle los más atractivos solares y villas.

Si no quiere perderse la oportunidad, póngase en contacto con nosotros.

Tel. (971) 40 50 00 de 10 a 18 horas todos los días de la semana.

bendinat
Vivir en la exclusividad

Desearía recibir más información sobre Residencial
Golf de Bendinat ☐
The Anchorage ☐
Parcelas ☐ Villas ☐
URBANIZADORA CALVIA, S.A.
C/. José de Espronceda, s/n B.C.
07015 Calviá, Mallorca.
Tel. (971) 40 50 00 - Fax. (971) 40 50 10

Nombre _____
Dirección _____
E.P. _____ Tel. _____

NIMBUS

6 **Mire usted este modelo de carta comercial.**

Dirección propia

ENCABEZAMIENTO

Dirección
ELECTRÓNICA MEDULAR
C/ Coslada, 32
08002 BARCELONA

ARTURO FERNÁNDEZ
Pl. Matías Cortés, 2
11001 CÁDIZ

Fecha

Madrid, 22 de junio de 1991

Saludo
Muy señores míos:

CUERPO DE CARTA

Información central
Me dirijo a ustedes para reclamar lo siguiente:
Con fecha 24 de mayo de 1991 me mandaron ustedes un ordenador PC,
modelo A-930 de su marca, que debe tener alguna avería importante
en el disco duro porque tiene fallos de grabación.

Petición final
Les ruego, por tanto, me indiquen si debo reenviarles el
ordenador a Barcelona para repararlo, o si es posible que su
delegación en esta ciudad se encargue de ello.

Despedida
En espera de sus noticias, les saluda atentamente.

Firma
Arturo Fernández

• Teniendo en cuenta este modelo, escriba una carta a una
de las urbanizaciones de la página anterior para pedir
información sobre sus ventas de chalets.

DEBE PREGUNTAR

• Precio total.

• Condiciones de pago.

• Si se puede visitar el chalet piloto, y qué días y horas.

• Si hay servicio de transporte público/ privado a la urbanización.

ENCABEZAMIENTO

Dirección

Fecha

Saludo

CUERPO DE CARTA

Información central

Petición final

Despedida

Firma

7 **Pretérito imperfecto. Escriba la forma apropiada.**

- Antes (yo vivir) .... en Madrid; ahora vivo en París.
- En aquel tiempo (ella estar) .... en Méjico; ahora está en España.
- Entonces la habitación no (tener) .... teléfono; ahora sí lo tiene.
- Antes nos (gustar) .... más el camping; ahora prefiero el hotel.
- Antes no (ser) .... necesario reservar plaza; ahora sí lo es.
- Hasta ayer no (yo saber) .... tu número de teléfono; ahora sí lo sé.

8 **Pretérito imperfecto. Conteste a estas preguntas con el mismo tiempo verbal.**

- ¿Era cómodo el hotel? ....
- ¿Qué hacía usted en aquel pueblo? ....
- ¿Con quién ibas ayer al cine? ....
- ¿Qué edad tenías en 1979? ....
- ¿Cómo se llamaba ese amigo suyo? ....
- ¿Estaban todos en clase? ....
- ¿Cuánto costaban esos zapatos el mes pasado? ....
- ¿Decía usted algo? ....
- ¿Les gustaba a tus amigos el hotel? ....

9 **IR A + infinitivo. Ponga la forma apropiada del presente, según el ejemplo**

Ejemplo: Mañana (yo) **voy a** quedarme en casa.

- Esta noche (nosotros) .... ir al teatro.
- Ahora (él) .... llamar a mi amigo.
- Luego (yo) .... estudiar un poco.
- Mañana por la mañana (ellas) .... pedir los billetes.
- Esta tarde (tú) .... dar clase.
- A las tres de la tarde (yo) .... dormir la siesta.

10 **Conteste a estas preguntas con IR A + infinitivo.**

- ¿Cuándo vas a venir a verme? ....
- ¿Con quién va (ella) a vivir? ....
- ¿Cuánto dinero me vas a dar? ....
- ¿Qué color va usted a elegir? ....
- ¿Dónde vais a pasar el verano? ....
- ¿A qué hora vamos a salir? ....

11 **Expresión de la hora. Conteste a estas preguntas con la hora entre paréntesis.**

Ejemplo: ¿A qué hora sale el avión?- A las 17.00 (a las 5 de la tarde).

- ¿A qué hora abren los grandes almacenes?- (9.00) ....
- ¿A qué hora llega el tren?- (23.00) ....
- ¿A qué hora terminas de trabajar?- (15.00) ....
- ¿A qué hora se levanta usted por las mañanas?- (7.00) ....
- ¿A qué hora cierran los bancos?- (14.00) ....

12 **Expresión de la hora. Lea estas frases.**

Ejemplo: La película de la TV es a las 22.30 (a las diez y media de la noche).

- La reunión es a las 11.15 ....
- El partido de fútbol empieza a las 18.45 ....
- La comida es a las 14.15 ....
- El desayuno se sirve entre las 7.30 y las 9.45 ....

A EXPRESAR GUSTOS Y PREFERENCIAS Y EXPLICAR POR QUÉ

13 **Indique los gustos, las preferencias y las razones.**

Ejemplo:

• *Yo prefiero*	• *hacer camping*	• *porque voy a hacer deporte.*
• Nos gusta mucho	• leer el periódico	• porque voy a hacer deporte.
• A mi familia le encanta	• ponerme ropa cómoda	• porque voy a darme una vuelta por la playa.
• Lo pasamos muy bien en vacaciones	• levantarme temprano	• porque no me interesan las noticias en vacaciones.
• Me gusta	• en el camping	• porque así sabemos lo que comemos.
• Me gusta más	• cocinar	• porque encontramos gente agradable.
• No me gusta	• ir al campo	• porque le/s gusta mucho la naturaleza.

B MANIFESTAR DESACUERDO

14 **Indique que no está de acuerdo.**

- A mí me gusta levantarme tarde. ....
- En vacaciones lo mejor es el camping. ....
- El hotel es más limpio. ....
- ¿Nos vamos al cine sin los niños? ....
- ¿Te gusta levantarte temprano? ....
- Las comidas en el hotel son mejores. ....
- ¿Te pones corbata cuando estás de vacaciones? ....

USE	
no me parece bien. Son muy pequeños.	¡ni hablar! Lo mejor es cocinar uno mismo.
puede que sí, pero no siempre.	claro que no. Estoy en contra de la corbata.
no estoy de acuerdo. Me gusta más el hotel.	pues a mí no. Yo prefiero levantarme temprano.
claro que no. Prefiero levantarme tarde.	

ESPAÑA INSULAR

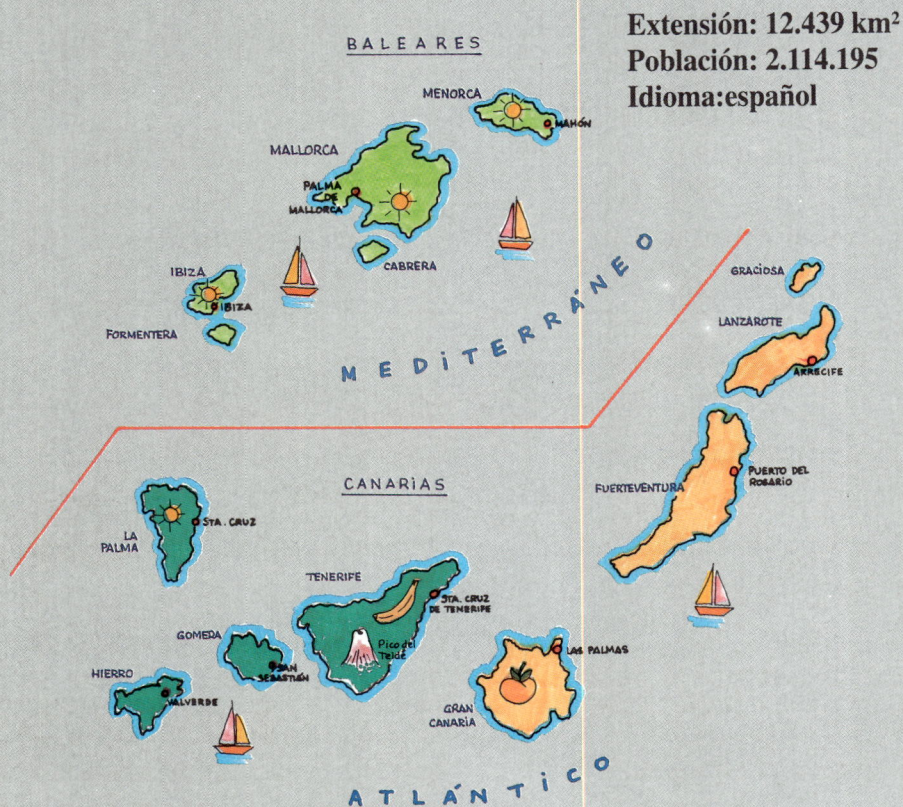

Extensión: 12.439 km²
Población: 2.114.195
Idioma:español

BALEARES

MENORCA
MALLORCA
MAHÓN
PALMA DE MALLORCA
IBIZA
IBIZA
CABRERA
FORMENTERA

MEDITERRÁNEO

GRACIOSA
LANZAROTE
ARRECIFE

CANARIAS

FUERTEVENTURA
PUERTO DEL ROSARIO

LA PALMA
STA. CRUZ

TENERIFE
STA. CRUZ DE TENERIFE

GOMERA
HIERRO
VALVERDE
SAN SEBASTIÁN
GRAN CANARIA
Pico del Teide
LAS PALMAS
GRAN CANARIA

ATLÁNTICO

El archipiélago balear está situado en el mar Mediterráneo. Sus parajes y sus bellezas naturales hacen de estas islas un centro turístico internacional. También el archipiélago canario, situado en el Atlántico, con un relieve dominado por el Teide, pico volcánico de 3.718 metros de altura, con un clima y vegetación tropicales, tiene una gran atracción turística.

Puerto de Gran Canaria sobre el sonoro Atlántico,
con sus faroles rojos en la noche calina
y el disco de la luna bajo el azul romántico
rielando en la movible serenidad marina…

Tomás Morales, **Poemas del mar**

Imagen de la vida es la novela,
y el arte de componerla estriba en reproducir
los caracteres humanos, las pasiones,
las debilidades, lo grande y lo pequeño,
las almas y las fisonomías…

B. Pérez Galdós, **Discurso**

COMIDAS Y RESTAURANTES

- Pedir y dar información habitual en restaurantes.
- Pretérito perfecto.
- Números ordinales.
- Uso de preposiciones.

¿LO ENTIENDE?

1 Escuche la conversación y marque con X lo que se pide.

MENÚ TURÍSTICO

Grupo 1

ENTRANTES

Sopa Fideos
Marisco
Pescado

Consomé

Entremeses

Espárragos
(con mayonesa)

Ensalada mixta

PASTAS Y ARROCES

Macarrones

Paella

Grupo 2

HUEVOS

Fritos

Tortilla Española
de jamón
de gambas
de espárragos
Francesa

PESCADOS

Merluza

Lenguado

Pez espada

Besugo

Bacalao

Grupo 3

CARNES

Vaca
Ternera
Filete Cerdo
Cordero
Pollo

POSTRES Y FRUTAS

Flan

Tarta

Helados

Arroz con leche

Queso

Naranja

Manzana

Plátano

Pera

Melón

Piña

Melocotón

Zumos

BEBIDAS

Agua mineral (con/sin gas)

Cerveza (caña o botellín)

Vino de la casa (blanco/ tinto)

Precio

Incluye:

PTAS

2.200

UN PLATO DEL GRUPO 1
UN PLATO DEL GRUPO 2
UN PLATO DEL GRUPO 3
PAN, VINO Y POSTRE

2 Escuche la cinta y diga qué alimentos de esta rueda:

- Son ricos en proteínas..

- Son abundantes en vitaminas...

- Proporcionan calorías...

- Aportan todos los elementos..

ALIMENTOS

- frutas
- patatas
- leche
- legumbres
- mantequilla
- verduras
- yogur
- aceite
- azúcar

- arroz
- pastas
- huevos
- carnes
- queso
- frutos secos
- pan
- pescados
- tocino

3 Características de los restaurantes de AUTO-SERVICIO. Escuche y complete lo que dice la cinta.

1
- a la vista del público.
- en la cocina.
- en conserva.

2
- los platos.
- las bebidas.
- una bandeja.

3
- después de sentarse.
- directamente del mostrador.
- después de pagar.

4
- al camarero/ a la camarera.
- al cajero/ a la cajera.
- en una máquina automática.

5
- vinos, ni menús.
- precios.
- clientes.

6
- aseos de señoras/ caballeros.
- camareros/ camareras.
- mesas.

4 Ahora contraste con las características de un restaurante TRADICIONAL, explicando los siguientes puntos:

- ¿Cómo se piden los platos?...

- ¿A quién se piden?...

- ¿Cómo se saben las características de los platos?...............................

- ¿Cómo se paga?...

5 UNA CENA ÍNTIMA. Participe en el diálogo.

PUEDE USAR
¡Estupendo!
¡Vale/ de acuerdo!
¡Buena idea!
Me parece excelente.
Me encanta.
Sí, me gusta mucho.
Con mucho gusto.
Encantada.
Sí, ¿dónde?
¡Claro!
¡Qué bien!

Él : Te invito a cenar esta noche.

Ella : ¡Qué bien! ¡...........................! ¿Dónde?...........................

Él : En un restaurante muy íntimo.

Ella : ¡...!

Él : ¿Quedamos a las nueve?

Ella : Sí, ¿...?

Él : Paso a recogerte a tu casa.

Ella : ¡...!

Él : ¿Te gusta el pescado?

Ella : ¡...!

Él : En este sitio sirven una merluza excelente.

Ella : ¡...!

Él : ¿Y el vino blanco muy frío?

Ella : ¡...!

Él : Bueno, pues entonces, hasta luego.

6 Lea el texto y conteste a las preguntas.

TEXTO

También en el tema de la comida hay que mencionar la gran variedad de platos y modos de cocinar. La llamada "cocina española" está compuesta por las diversas cocinas regionales (vasca, catalana, andaluza, gallega, castellana, etc.) en las cuales hay platos parecidos, como el "pote gallego", la "escudella catalana" o el "cocido madrileño", que se diferencian, sin embargo, en la forma de guisar y en los ingredientes que ofrecen sabores y presentación muy distinta.

En todo el territorio español se toma "pescado frito", pero ninguno puede compararse con el que se sirve en los restaurantes y bares andaluces. El "marisco", cada día más caro y más escaso, es también muy apreciado por los españoles de todas las regiones, aunque Galicia es la región que tiene más fama por la calidad de sus mariscos (pulpo, centollo, nécoras, percebes, langostas, ostras, etc.). Los asados de cordero y cochinillo de Castilla son incomparables; la "paella valenciana" tiene fama internacional y, por supuesto, la "tortilla española", plato sencillo pero del gusto de todos. La zona cantábrica es bien conocida por la calidad de sus pescados y carnes, y su gran afición gastronómica. Por último hay que citar la gran variedad de "quesos" y "embutidos" que se elaboran en cada pequeño rincón de nuestra tierra.

- ¿Conoce algún plato gallego? ¿Cúal? ....

- ¿Cuál es uno de los platos más típicos de Andalucía? ....

- ¿Qué es lo más destacable de la cocina castellana? ....

- ¿Conoce el nombre de algún queso español? ¿Cuál es? ....

- ¿Conoce el nombre de algún embutido? ¿Cuál/es? ....

- ¿En qué consiste la famosa "tortilla española"? ....

- ¿Ha comido alguna vez "paella"? ¿Qué le parece? ....

7 Escriba los tres menús que han pedido los clientes del ejercicio 1.

MENÚ 1	MENÚ 2	MENÚ 3

8 Aquí tiene una lista de platos comunes en España. Busque su significado y póngalos en las columnas apropiadas.

PLATOS	ENTRANTES	1er PLATO	2e PLATO	POSTRES
• tortilla				
• paté				
• espinacas				
• salmón				
• pollo				
• filete				
• melón				
• tarta de manzana				
• patatas fritas				
• paella				
• espárragos				
• ensalada				
• merluza				
• flan				
• entremeses				
• guisantes				
• helado				
• sopa				
• macarrones				

9 Haga este crucigrama.

HORIZONTALES

1. Comida típica valenciana.
2. Al revés, recipiente para conservar alimentos.
3. Alimento formado por huevos.
4. Al revés, producto obtenido de la leche.

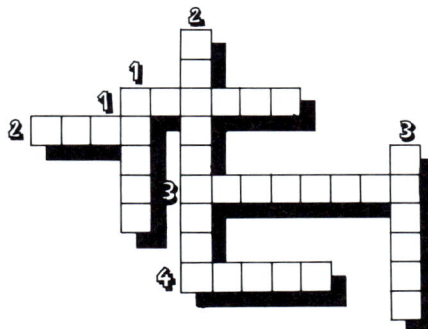

VERTICALES

1. Recipiente que se utiliza para comer.
2. Se toma antes de comer.
3. Utensilio de cocina que se emplea para freír.

10 **Pretérito perfecto. Ponga el verbo en la forma adecuada.**

Ejemplo: ¿(usted elegir) ya? = ¿Ha elegido usted ya?

• Hoy no (yo tomar) .... el autobús.

• Este verano no (llover) .... nada.

• Esta mañana (él llamar) .... dos veces.

• Esta semana (yo trabajar) .... mucho.

• Hoy (nosotros ver) .... a Elisa.

• Este fin de semana (ellos divertirse) .... mucho.

11 **Pretérito perfecto. Conteste a estas preguntas con el mismo tiempo.**

• ¿Cuánto has ganado este mes? ....

• ¿Dónde ha estado usted? ....

• ¿Qué ha dicho tu padre? ....

• ¿Habéis visto el periódico? ....

• ¿Cómo ha sido el viaje? ....

• ¿Has dormido mucho esta noche? ....

• ¿Para qué me has llamado? ....

• ¿Cuántas veces han venido (ellos) esta semana? ....

12 **Números ordinales. Lea estas frases.**

Ejemplo: El lunes es el (1) **primer** día de la semana.

• Vivimos en un (4) .... piso.

• A mí me gusta ser siempre el (1) .... en todo.

• Éste es el (3) .... plato del menú turístico.

• Ésta es la (2) .... vez que vengo a este restaurante.

• El rey de España es Juan Carlos (1) ....

• Nuestro (3) .... hijo se llama Eduardo.

• Los (1) .... días son difíciles.

• Junio es el (6) .... mes del año.

• El ascensor sólo sube hasta el (7) .... piso.

13 **Uso de preposiciones. Ponga A o EN, según los casos.**

• Me levanto .... las siete de la mañana.

• .... la derecha de la entrada hay un supermercado.

• Estuvimos allí .... el mes de marzo.

• Aranjuez está .... 50 km de Madrid.

• Me gusta más viajar .... avión.

• Está .... la oficina hasta las dos.

14 **Uso de preposiciones. Ponga DE o EN, según los casos.**

• Termina .... trabajar a las cinco .... la tarde.

• Ahora está .... Oviedo, pero no es .... allí.

• .... la mesa había muchos libros.

• El vestido es .... color azul.

• ¡Es hora .... comer!

USTED HA APRENDIDO A...

A PEDIR Y DAR INFORMACIÓN HABITUAL EN RESTAURANTES

15 Complete la conversación.

CAMARERO	CLIENTES
- Sí, creo que sí. Esperen un momento, por favor.	- ¿Tienen mesa libre?
- ¿Cuántos son ustedes?	- ....
- ¿Les parece bien ésta?	- Sí, muy bien. Estupendo.
- Naturalmente, señor. Está en la carta.	- ¿...?
- ¿Han elegido ya, señores?	- Todavía no. Lo estamos pensando.
- ¿...?	- ¿Qué nos recomienda?
- ¿...?	- Vamos a ver. ¿Qué tal están los entremeses?
- ¿Les tomo nota ya?	- Sí, por favor. Para mí los entremeses.
- ¿Y para usted, caballero?	- ....
- ¿Y después, qué van a tomar?	- ....
- ¿...?	- No muy hecha.
- ¿Y para usted, señora?	- Yo prefiero pescado.
- ¿Frito, cocido o a la plancha?	- ....
- ¿...?	- Lo elegimos luego.
- ¿Qué quieren para beber?	- ....
- ¿...?	- No, gracias.
- ¿Les ha gustado, señores?	- Sí, todo ha estado muy bien. Gracias.
- Sí, enseguida.	- ....
-	- ¿Le puedo pagar con tarjeta?

USE

¿han visto las sugerencias del día?

a la plancha.

somos dos.

tráiganos vino de la casa.

sí señor, por supuesto.

para mí también.

¿hay menú turístico?

muy buenos y muy frescos.

la cuenta, por favor.

a mí me va a traer carne de ternera.

¿algo de postre?

¿cómo la quiere, hecha o poco hecha?

¿les apetece un aperitivo?

GALICIA

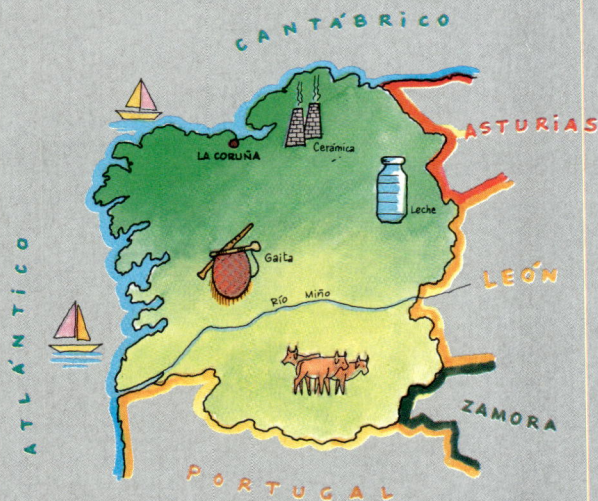

Extensión: 29.574 km²
Población: 2.845.391
Idioma: gallego y español

Bañada por el océano Atlántico y el mar Cantábrico, es una región marinera y pesquera. En la zona interior hay abundante vegetación, propicia al pastoreo. Sus habitantes han sido tradicionalmente muy viajeros, por lo que hay muchos gallegos emigrados por todo el mundo.

España es una deformación grotesca
de la civilización europea.

R. Valle-Inclán, **Luces de bohemia**

¡Olas del mar de Vigo!
¿Visteis a mi amigo?
¡Ay, Dios! ¿Vendrá pronto?

Martín Codax, **Cantiga de amigo**

Galicia, dulce pena de las Españas,
echada junto al mar, ese camino…

Celso E. Ferreiro, **Larga noche de piedra**

BARES Y TABERNAS

- Pedir y dar información en bares y cafés.
- Pedir aclaraciones.
- Forma continua (presente).
- Adjetivos y pronombres indefinidos.

¿LO ENTIENDE?

1 Escuche la cinta y ponga los precios de estos productos.

BOCADILLOS VARIADOS	PRECIOS
jamón	
chorizo	
salchichón	
atún	
calamares	
tortilla	
queso	

2 Escuche la cinta y marque con X los productos que proceden del mar.

RACIONES
callos
calamares
jamón serrano
morcilla
pimientos
gambas
mejillones
pulpo

3 Escuche la conversación y empareje las frases mediante números.

CAMARERO			CLIENTA
- ¿Qué va a ser, señora?	**1**		- Póngame una ensaimada.
- ¿Desayuno completo?			- Sí, pero poco cargado de cáfe.
- Muy bien. ¿El café en taza grande?		**1**	- Quiero desayunar.
- ¿Prefiere algo de bollería?			- Sí, pero no quiero churros.
- ¿Algún zumo?			- ¿Qué tienen?
- Hay suizos, ensaimadas y magdalenas.			- Sí. Un zumo de naranja natural.

66

4 Usted está con unos amigos en un bar o en una taberna.¿Qué expresiones coloquiales puede usar en las siguientes situaciones?

1. Usted quiere pedir dos cervezas...

2. Usted quiere pedir dos cafés con leche...

3. Usted quiere pedir tres vasos pequeños de vino tinto...

....

4. Usted quiere pagar una ronda (lo que han tomado todos)....................................

....

5. Usted quiere pedir otro plato de jamón/calamares fritos/etc..............................

....

6. Usted quiere pedir un café solo...

7. Usted quiere pedir otros dos vasos pequeños de vino tinto..................................

....

8. Usted quiere pedir dos cafés grandes y uno con sólo un poco de leche..............

....

EXPRESIONES
¿Me/nos pone otra de jamón?
¿Qué le debo/Qué se debe aquí?
¡Dos dobles y un cortado!
¡Tres chatos de tinto, (por favor)!
¡Uno solo, (por favor)!
¡Dos cañas, (por favor)!
¿Nos pone otra de calamares?
¡Dos con leche, (por favor)!
¡Dos tintos más, (por favor)!

5 Escuche el diálogo dos veces.
Ahora anote aquí las expresiones que se usan para:

Comprobar si se ha entendido algo	1	
Indicar que no se comprende algo	2	

6 Finalmente, proporcione usted la información:

• ¿Qué es un "cortado"?..

• ¿Qué significa "una de jamón"?..

• ¿Qué es una "caña"?..

• ¿Qué quiere decir "del grifo"?..

• ¿Cómo se pide un café puro, sin leche?..

7 Lea el texto y conteste a las preguntas.

Las "tascas" son establecimientos públicos muy populares donde se puede beber y tomar apetitosas "tapas" y "raciones", tanto en la barra como en las mesas. Son muy características de todas las ciudades y pueblos de España y, prácticamente, hay, al menos, una en cada calle. La gente las visita, sobre todo, a la hora del aperitivo, antes de la comida del mediodía, y por la tarde, antes de cenar. Los precios son baratos en comparación con otros países de Europa y los clientes pueden pasar horas de pie bebiendo vino o cerveza y comiendo una gran variedad de alimentos fritos o picantes, las famosas tapas. Es costumbre que cada uno pague una "ronda" o invitación a todo el grupo de amigos, con las frases "¿Qué se debe aquí?" y "Sírvenos otra", si se quiere repetir.

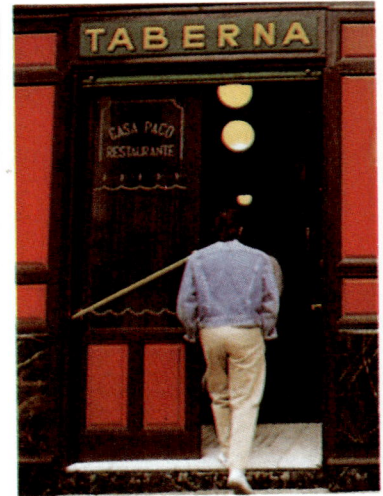

• ¿Qué son las tascas?..

• ¿Qué se puede hacer en una tasca?......................

• ¿Qué se suele beber?...

• ¿Qué son las tapas?...

• ¿Conoce usted el nombre de alguna? ¿Le gustan?............

• ¿Qué es una ronda?...

• ¿Qué se puede decir para pagar?.........................

• ¿Qué se dice para repetir?..................................

8 Identifique los dibujos con las expresiones y diga también para qué se usan.

1
• ¿Qué le debo?
• ¿Cuánto es (esto)?
• ¿Qué se debe (aquí)?

2
• ¡Dos cañas, (por favor)!
• ¡Dos vinos más!
• ¡Tres chatos de tinto!

3
• ¿Me/nos pone una de jamón?
• ¡Otra de callos, (por favor)!
• ¡Sírvanos otra de calamares!

4
• ¡Un doble y un cortado!
• ¡Dos con leche!
• ¡Uno solo!

9 Escriba lo que desayuna la señora del ejercicio 3.

DESAYUNO

10 Escriba en su debido orden estas instrucciones para hacer café instantáneo, usando:

- Primero.
- Luego/ después.
- Por último.

1	

2	

HAY QUE
• Echar el agua hirviendo en la taza.
• Añadir leche y/o azúcar (si se quiere).
• Poner agua en un recipiente.
• Mover con una cucharilla.
• Poner una cucharada de café en polvo en una taza.
• Calentar el agua.

3	

4	

5	

6	

11 Escriba en estas dos listas las clases de "embutidos" y "mariscos" que han aparecido en esta lección.

EMBUTIDOS	MARISCOS

12 **Forma continua del presente. Haga como en el ejemplo.**

Ejemplo: Todos los días trabajo, pero ahora (descansar) = **Estoy descansando.**

• Todos los domingos se quedan en casa, pero ahora (pasear) ....

• Todos los días compra el periódico, pero hoy (leer) .... el de su amigo.

• Todos los fines de semana vas a casa de tus padres, pero hoy (comer) .... en casa.

• Todas las noches ponen una película en el vídeo, pero esta noche (ver) .... un programa en la tele.

• No fuma nunca, pero ahora (fumar) ....

• Siempre dice usted la verdad, pero ahora (mentir)..

13 **Forma continua del presente. Haga como en el ejemplo.**

Ejemplo: Antes no decía nada, pero ahora (hablar) = **Está hablando** siempre.

• Antes no leías nada, pero ahora (leer)...todo el tiempo.

• Antes no estudiaba, pero ahora (estudiar)..a todas horas.

• Antes no comíamos casi nada, pero ahora (comer) ....siempre.

• Antes no dormía por las noches, pero ahora (dormir)..todo el día.

• Antes no trabajábamos nada, pero ahora (trabajar)..toda la semana.

14 **Adjetivos y pronombres indefinidos. Ponga la forma adecuada de ALGÚN + A-O-OS-AS o NINGÚN + O-A.**

•¿Hay ....periódico aquí?   • Tenemos...problemas importantes.

• Aquí no hay...fotografía.   • Usted nunca tiene..problema.

• ¿Conoces ....buen restaurante? No, no conozco...............   • ¿Sabes ....frase en alemán? Sí, sé.............

• Tienes ....amiga en esta ciudad? No, no tengo.............

15 **Indefinidos ALGUIEN/ NADIE; ALGO/ NADA. Ponga la forma adecuada.**

• Yo no sé ....   • ¿Compraste....................................? No, ...

• ¿Ha visto usted a ....? No, a ....   • ¿Hay ....aquí?

• Ellos saben ...., pero no dicen ....   • ¿Conoces a ....en tu clase? No, no conozco a...............

• ¿Necesita usted................más? No, ...más, gracias.

USTED HA APRENDIDO A...

A PEDIR Y DAR INFORMACIÓN EN BARES Y CAFÉS

16 Usted quiere pedir:

USE	¿QUÉ DICE?
café con leche	**1.** Un desayuno completo
churros/ suizo	**2.** Una cerveza
zumo de naranja/ manzana,etc…	**3.** Un café con leche
una de jamón (por favor)	**4.** Tres vasos de vino
¿qué le debo/ se debe aquí?	**5.** Una ración de jamón
tres tintos/ chatos	**6.** Dos raciones de calamares
uno con leche	**7.** Café solo
una caña	**8.** Café con un poco de leche
uno solo	**9.** Pagar
un cortado	
dos de calamares (por favor)	

B PEDIR ACLARACIONES

17

CONTESTE

• ¿Qué significa "una de calamares"?

• ¿Qué quiere decir una "caña"?

• ¿Qué es "de barril"?

• No comprendo. ¿Quiere repetir?

• ¿Cuál es la diferencia entre uno "solo" y un "cortado"?

• ¿Qué es un "chato"?

• ¿Cómo se puede pedir, de otra forma, un vaso de vino?

LEVANTE

Extensión: 34.569 km²
Población: 4.761.063
Idioma: catalán (valenciano) y español

Levante ocupa la zona este española. Comprende las regiones de Valencia y Murcia, famosas por sus playas y sus productos cítricos, naranjas y limones. Su comida más típica es la paella.

Me tiraste un limón, y tan amargo,
con una mano cálida, y tan pura,
que no menoscabó su arquitectura
y probé su amargura sin embargo.

M. Hernández, **El rayo que no cesa**

El amor es una espuma sobre
la que resulta iluso tratar
de construir nada firme.
Su condición inherente,
y excitante, es la fugacidad.

J. Gil-Albert, **Breviarium**

PROBLEMAS LINGÜÍSTICOS

REAL ACADEMIA ESPAÑOLA

CALLE DE RUIZ DE ALARCON

• Preguntar sobre comprensión/ falta de comprensión lingüística.

• Pedir aclaraciones lingüísticas.

• Imperativo.

• Pronombres de 3ª persona.

1 Escuche y rellene el cuadro con los nombres de los idiomas.

	Entender	Hablar	Leer	Escribir		NIVEL	IDIOMAS
JUANA						BAJO	ITALIANO
						MEDIO	RUSO
						ALTO	FRANCÉS
EDUARDO						BAJO	ÁRABE
						MEDIO	ALEMÁN
						ALTO	JAPONÉS
EVA						BAJO	INGLÉS
						MEDIO	CHINO
						ALTO	

2 Escuche estas palabras en el orden de la cinta y <u>deletréelas</u>.

PALABRAS
políglota
japonés
examen
error
hijo
llamar
Paraguay

3 Escuche la conversación en una clase de español para extranjeros y anote qué dicen los alumnos para preguntar sobre:

• La ortografía correcta.

• El significado de una palabra/ expresión.

4 Mantenga esta conversación con un amigo español:

¿QUÉ FÓRMULAS PUEDE USAR?

¿cómo se pronuncia...?

¿está bien/mal pronunciado...?

¿puedes repetir...?

¿qué significa...?

¿qué quiere decir...?

¿cómo se deletrea...?

¿cómo se escribe...?

¿está bien escrito así...?

¿cuál es la diferencia entre... y...?

¿qué diferencia hay entre... y...?

sí, ahora sí entiendo.

sí, ya sé lo que significa.

- **Él :** El pobre hombre está tullido.

- **Usted :** (Quiere que repita la pronunciación.)

- **Él :** TU-LLI-DO.

- **Usted :** (No comprende esta palabra.)

- **Él :** Es sinónimo de "inválido", "paralítico".

- **Usted :** (Ahora sí comprende.)

- **Usted :** (Quiere saber cómo se escribe.)

- **Él :** Se deletrea te, u, elle,i, de, o.

- **Usted :** (Quiere saber la diferencia entre **enfermo** y **malo.**)

- **Él :** Es difícil. No sé exactamente.

5 Aquí tiene cuatro definiciones de palabras muy difíciles del cuadro.

Usted debe averiguar cuáles son preguntando a la cinta:

a) ¿Cómo se pronuncian?

b) ¿Cómo se escriben?

c) ¿Qué son? (Nombres, verbos o adjetivos.)

1. Ulcerarse el cutis de forma que se empiecen a hacer llagas.

2. Vela triangular que se enverga al palo solamente, o a él y a un mastelerillo, también sujeto al palo.

3. Conjunto de ascendientes o descendientes de una persona; se emplea particularmente con relación a personas con título de nobleza.

4. Se aplica a la persona muy torpe, bruta o tonta en su manera de actuar.

PALABRAS

zipizape

zopenco

exudar

exulcerar

guagua

guaira

abolengo

linaje

COMPRENDA LA LECTURA

6 ¿Qué ofrecen? ¡Pruebe su memoria! Lea atentamente el anuncio y conteste a las preguntas sin mirar el texto.

APRENDER ESPAÑOL EN TORREMOLINOS

Cursos intensivos con seminarios, discusiones, actos diversos, grupos pequeños, mediación de alojamiento. Julio-Octubre. También cursos individuales, programa especial todo el año.

Centro de estudios SUR.
c/. Benquístar, 3. Tel.: 933685

¿Aprender o enseñar?..........

¿Dónde?..........

¿Qué tipo de cursos?..........

¿Cómo son los grupos?..........

¿Cuándo?..........

¿Duración del programa especial?..........

¿Nombre del centro?..........

¿Número de teléfono?..........

7 Lea el texto y conteste a las preguntas.

INSTRUCCIONES DE USO

Para mejorar su escritura debe tener en cuenta lo siguiente:

1. Lo más importante es prestar atención a la exactitud de lo que usted quiere decir o comunicar.

2. La grafía, puntuación o acentuación son importantes pero deben estar subordinadas al punto primero.

3. Cuando haga un ejercicio, no basta con llenar los espacios en blanco. Es mejor escribirlo todo para hacer una práctica total.

4. Compruebe en todo momento el solucionario porque está aquí para ayudarle.

5. Ponga especial atención a sus propios errores; de ellos aprenderá mucho.

• ¿Qué dice el texto sobre la puntuación?..........

• ¿Por qué se dice que es mejor escribir todo el ejercicio?..........

• ¿Qué valor tienen los propios errores?..........

• ¿Qué hay que hacer en todo momento?..........

• ¿Qué debe ser lo más importante cuando escribimos?..........

8 Escriba una nota a su amiga Elena invitándola al teatro. Ponga en orden las frases con la puntuación adecuada.

NOTA

- podemos tomar una copa

- querida Elena

- que empieza a las once

- telefonéame a casa o al trabajo para decirme si te apetece.

- un beso.

- tengo dos entradas.

- podemos quedar a las 10.30 en la cafetería de la esquina.

- voy al teatro Español el sábado, a la función de noche.

- ¿te gustaría venir conmigo?

- (su nombre)

- al salir del teatro.

9 Escriba una nota a un amigo diciéndole lo que hay en el anuncio del ejercicio 6 y aconsejándole ir a las clases.

NOTA

10 **Imperativo. Ponga la forma adecuada de los verbos entre paréntesis.**

Ejemplo: Mañana (tú venir) temprano = **Ven** temprano.

• ¡(Tú coger)..esto, por favor!

• ¡(Ustedes ir) .... más despacio!

• ¡(Ustedes escribir) .... el número de teléfono!

• ¡(Vosotros esperar)...aquí, por favor!

• ¡(Tú decir) .... la verdad!

• ¡(Ustedes ser) .... amables con los clientes!

11 **Imperativo negativo. Ponga la forma adecuada de los verbos entre paréntesis.**

• ¡No (tú correr)...!

• ¡No (usted decir)..eso!

• ¡No (ustedes tener)....................................miedo!

• ¡No (vosotros preguntar)...esas cosas!

• ¡No (tú hacer)...eso!

• ¡No (usted pronunciar)..así!

12 **Pronombre LO. Conteste a estas preguntas como en el ejemplo.**

Ejemplo: ¿Sabe usted dónde está el Níger? • Sí, **lo** sé.

                                   • No, no **lo** sé.

•¿Estás cansado?..

• ¿Compraron el vino?..

• ¿Ves eso de allí? ....

•¿Comprende usted todo?..

• ¿Tenéis miedo?..

• ¿Cree usted que tengo razón?..

13 **Pronombres LO-S, LA-S, SE. Sustituya las formas en negrita, como en el ejemplo.**

Ejemplo: Di **la llave** al portero. = **Se la** di.

• El profesor da **los ejercicios a los alumnos.**..

• Ayer pagué **el alquiler al casero.**..

• No vendas **el coche a ese señor.**..

• Di **las gracias al camarero.**..

• ¿Escribiste **la carta a tus padres**?..

14 **Pronombres LE-S, LO-S, LA-S. Sustituya las formas subrayadas.**

• No entiendo **a los actores.** ....

• No conocía **el país.** ....

• No dieron la noticia **a la abuela.** ....

• No comprende **a ese profesor.** ....

• Estudiaron **todas las lecciones.** ....

• No digas **a tus compañeras** que no quieres ir. ....

USTED HA APRENDIDO A...

A PREGUNTAR SOBRE COMPRENSIÓN / FALTA DE COMPRENSIÓN LINGÜÍSTICA

15

1. Usted no entiende algo.

2. No sabe si algo es correcto gramaticalmente.

3. No está seguro o no sabe la manera de expresar algo.

¿QUÉ EXPRESIONES SE USAN?

- ¿Quiere repetir, por favor?
- ¡Qué mal pronuncia usted!
- ¡Más aprisa, por favor!
- ¿Cómo?

- ¿Está bien dicho...?
- ¿Se puede repetir...?
- ¿Está bien pronunciado...?
- ¿Se puede decir...?

- ¿Cómo se escribe...?
- ¿Qué se dice cuando...?
- Eso está mal dicho.
- ¿Cómo puedo decir...?

B PEDIR ACLARACIONES LINGÜÍSTICAS

16 Escuche la cinta.

1. Quiere saber su grafía y pronunciación. ¿Qué pregunta?

2. Quiere saber la diferencia de grafía, pronunciación y significado. ¿Qué pregunta?

3. Quiere saber si la grafía es con "b" o con "v". ¿Qué pregunta?

4. Quiere saber si la grafía es con "ll" o con "y". ¿Qué pregunta?

PAÍS VASCO, NAVARRA

Extensión: 17.625 km²
Población: 2.709.988
Idioma: español y vasco

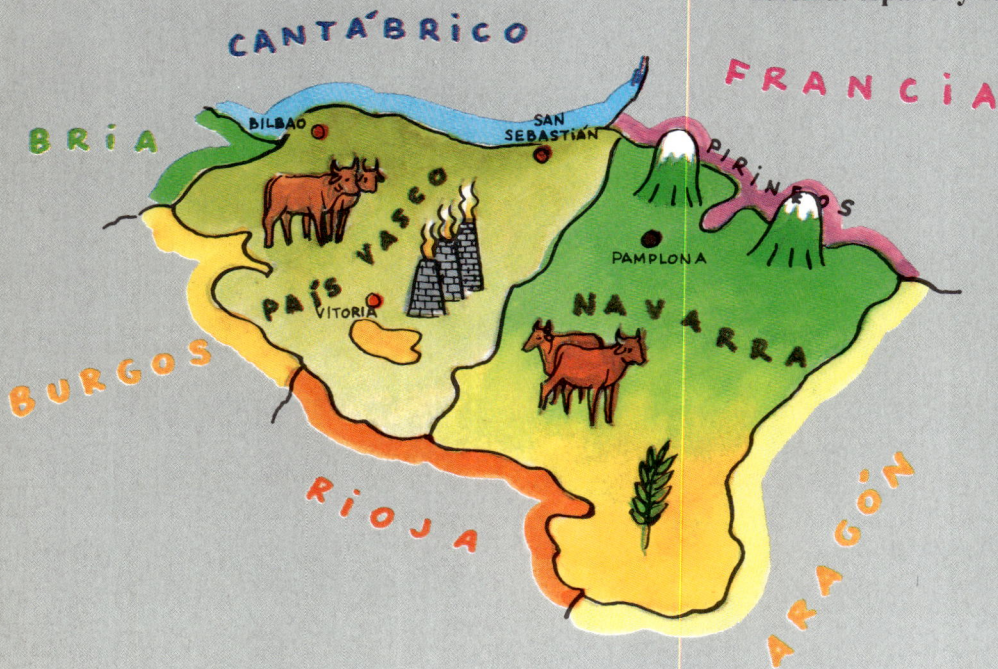

El País Vasco ocupa la región fronteriza con Francia junto al golfo de Vizcaya. Tradicionalmente es zona industrial y pesquera. Su lengua autóctona es el euskera o vasco, de origen antiquísimo y desconocido.

Navarra, en cambio, ocupa la región fronteriza contigua hacia el interior. Su economía es más dependiente de la agricultura, especialmente en el valle del Ebro.

Para ti, patria, árbol arrastrado
sobre los ríos, ardua España mía,
en nombre de la luz que ha alboreado:
alegría.

Blas de Otero, **Pido la paz y la palabra**

Y aunque todo parece mentira, yo te creo.
Sé que el amor existe.

Gabriel Celaya, **De claro en claro**

COMPRAS: TIENDAS, SUPERMERCADOS Y GRANDES ALMACENES

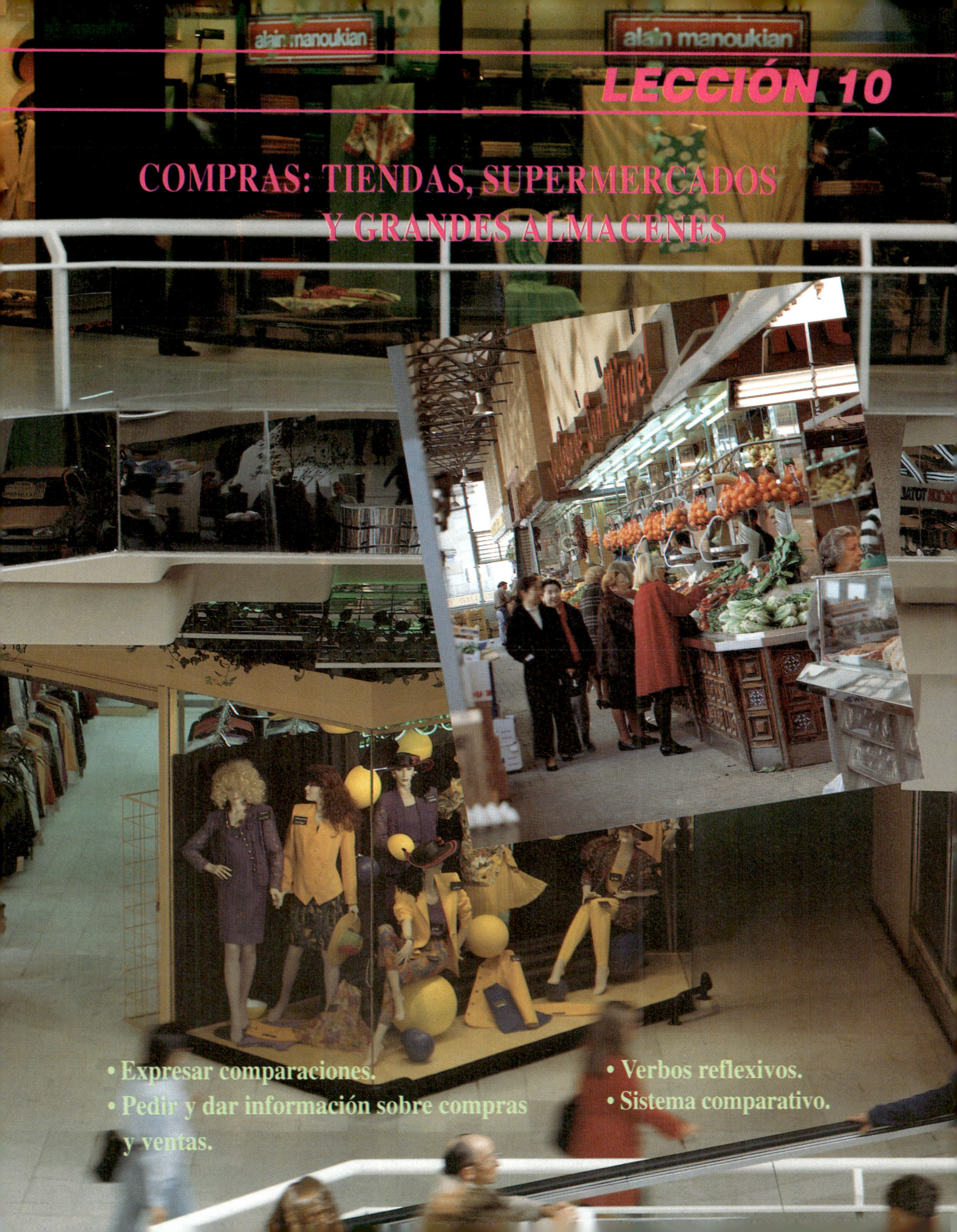

- Expresar comparaciones.
- Pedir y dar información sobre compras y ventas.
- Verbos reflexivos.
- Sistema comparativo.

¿LO ENTIENDE?

1 Escuche y ponga el precio debajo de cada artículo.

Corbatas de seda natural
Ptas:

Chaquetas sport
Ptas:

Vestidos señora
Ptas:

Camisas algodón/ lana
Ptas:

Zapatos señora
Ptas:

Pantalones
Ptas:

Ropa interior señora
Ptas:

Trajes
Ptas:

Blusas
Ptas:

Faldas
Ptas:

2 Escuche y una con flechas.

blanco	calcetines
negro	toalla
azul	jersey
verde	cartera
gris	abrigo
rojo	corbata
amarillo	medias
marrón	sombrero

3 Problema de lógica. ¿Quién es quién? Resuelva el problema.

• Pepe es mayor que Paco.

• Pipo no es el más pequeño.

• Pepe no es tan grande como Pipo.

	1	2	3
PEPE			
PACO	4	5	6
PIPO	7	8	9

Ahora siga las instrucciones de la cinta para comprobar la solución.

82

4 Aprenda a comparar precios. Haga como en el ejemplo.

SUPERMERCADO	A	B	C
• Tomates (Kg)	145	142	140
• Manzanas (Kg)	180	175	177
• Patatas (Kg)	32	29	30
• Azúcar (Kg)	163	161	164
• Plátanos (Kg)	155	160	158

USE

más caros/as que...
más baratos/as que...
los/las más
caros/as... baratos/as...

Ejemplos:

• Los tomates en A son más caros que en B y en C.

• Los tomates en C son más baratos que en A y en B.

• Los tomates en A son los más caros (de los tres).

• Los tomates en C son los más baratos (de los tres).

5 ¡REBAJAS! Diga por qué le gustan/no le gustan (¿Por qué? - porque...).

PUNTOS A FAVOR

• Artículos baratos.

• Se puede elegir mejor.

• Auténticas oportunidades.

• Se compran cosas interesantes.

• Es divertido.

• En meses importantes del año.

PUNTOS EN CONTRA

• Artículos malos (peor calidad).

• Mucha gente.

• Nada realmente interesante.

• Se compran cosas innecesarias.

• Es muy cansado.

• Los dependientes no ayudan.

6 Escuche la cinta y diga qué opinan estos personajes de las acciones que están realizando.

1

2

3

4

USE

programa		aburrido
libro		interesante
vestido	muy	bonito
tenis		divertido

7 **Lea el anuncio.**

¿Cuáles de las palabras destacadas se corresponden con las definiciones?

DEFINICIONES

1. Prenda de punto, masculina o femenina, que se lleva pegada al cuerpo.

2. Conjunto de los objetos que equipan una casa.

3. Tipo de calzado de cuero muy flexible y con la pala cerrada.

4. Zapato de cuero con suela de madera o de corcho.

5. Oferta de artículos en comercios a precios mucho más bajos que los habituales, durante una época determinada.

6. Saco aplanado relleno de materia esponjosa, aire o muelles, especialmente para dormir.

7. Gran pañuelo de señora, de seda o material similar, que se suele usar encima del bañador en piscinas y playas.

8. Calzado veraniego de lona y suela de goma.

9. Aprovechar unas circunstancias especiales para obtener ganancias.

10. Especie de paraguas para resguardarse del sol.

PALABRAS
rebajas
menaje
hacer el agosto
camisetas
zuecos
pareos
mocasines
playeras
sombrillas
colchón

Aproveche ¡YA! las ventajas de agosto

Adelantamos en julio los precios increíblemente rebajados de agosto. En moda, ropa de casa, menaje. Y además el Mes del Mueble. Todo lo que necesita para equiparse al completo antes de salir de vacaciones. Haga su agosto ¡YA!.

SEÑORAS	
Faldas y blusas, lisas y estampadas	2.995
Camisetas estampadas, algodón	1.995
Bañadores en lycra	1.995
Zuecos italianos en fantasía	1.595
Pareos estampados, 120 x 160 cms.	1.495
Pamelas y sombreros de paja	375

CABALLEROS	
Trajes frescos	14.995
Pantalones vaqueros y sport	1.795
Camisas polo	1.595
Bañadores	1.995
Mocasines en piel de búfalo	3.995

JÓVENES-ELLA	
Camisetas lisas y estampadas, algodón	1.395
Bermudas lisas en algodón	1.995
Bikinis lisos y fantasía	1.495

JÓVENES-ÉL	
Pantalones vaqueros y sport	1.695
Camisas lisas y fantasía	1.595
Bañadores bermudas y shorts	1.595

NIÑOS	
Camisetas para niños y niñas	595
Bañadores bermudas y súper bermudas	1.695
Playeras de colores	595
Juego "Súper Golf", 18 hoyos	3.995

PARA TODOS	
Toallas de playa, algodón	1.595
Conjunto de mesa, sillones y sombrilla para camping	8.995
Colchón neumático	1.395
Zapatillas tenis "Adidas"	2.995

8 Escriba las instrucciones que da la cinta del ejercicio 1.

INSTRUCCIONES

Camisa caballero
manga corta, T/38 a 44
LLEVE DOS POR...

1.495

9 En esta conversación entre un dependiente de zapatería y el cliente, no se corresponden las frases. Escríbalas de nuevo en el orden correcto.

DEPENDIENTE	CLIENTE	DEPENDIENTE	CLIENTE
Sí, pero es una buena marca.	Sí, me quedan muy bien.		
¿Qué número tiene usted?	¿Qué precio tienen?.		
¿Quiere probárselos?	Son un poco caros.		
Son 7.000 ptas.	Negros o marrones.		
¿De qué color los quiere?	Yo quería este modelo.		
¿Le quedan bien?	Uso el 41.		
¿Qué desea, caballero?			

10 Escriba su opinión sobre las REBAJAS con los puntos positivos y negativos del ejercicio 5.

11 Verbos reflexivos. Ponga el infinitivo en la forma correcta del presente y del imperfecto.

Ejemplo: (Él) todavía no (afeitarse) = Todavía no se afeita/ afeitaba.

- (Yo ducharse) .... todos los días.
- (Tú lavarse) .... las manos antes de comer.
- (Vosotras no bañarse) .... en la piscina.
- (Nosotros no ponerse) .... el abrigo en invierno.
- El cliente (probarse) .... los pantalones.
- Después de lavarme la cara (yo peinarse) ....

12 Sistema comparativo. Elija una de estas partículas: COMO, QUE, MÁS, MENOS, TAN que tenga sentido en las siguientes frases.

- Estas patatas son tan buenas .... aquéllas.
- Gana más dinero.................................... yo.
- Estoy.................................... cansado como tú.
- Este libro tiene menos páginas.................................... ése.
- Mi hijo es tan alto .... yo.
- España es.................................... grande que Portugal.
- Esta obra de teatro no me gusta nada; es.................................... divertida que la de la semana pasada.
- El tenis no me gusta mucho; me gusta............ que el baloncesto.

13 Sistema comparativo. Formas irregulares (MEJOR, PEOR, MAYOR, MENOR). Ponga la forma adecuada.

- Tu bicicleta es más barata que la mía; es ....
- Pedro sacó un siete en el examen y yo sólo un cinco; su examen fue....................................
- Su hermano tiene 15 años y ella 13; su hermano es............
- Los tomates de 33 ptas. son .... que los de 28.
- En España, los .... de 18 años no pueden conducir coches.
- Nuestra hija mayor tiene 20 años y nuestro hijo, 11. Él es....................................

14 Sistema comparativo. Haga como en el ejemplo.

Ejemplo: Él anda mucho; yo ando poco.
- Anda **más que** yo.
- Ando **menos que** él.

- Ellos trabajan mucho; nosotros trabajamos poco.
  - ....
  - ....
- Ella se divierte mucho; usted se divierte poco.
  - ....
  - ....
- Tu primo viaja mucho; tú viajas poco.
  - ....
  - ....
- Andrés estudia mucho; Elena estudia poco.
  - ....
  - ....
- Mi padre fuma mucho; mi madre fuma poco.
  - ....
  - ....

USTED HA APRENDIDO A...

A EXPRESAR COMPARACIONES

15

COMPARE PRECIOS

- X = 1.000 ptas.
- Y =   500 ptas.
- Z =   800 ptas.

COMPARE ESTOS TRES ARTÍCULOS

- A = bonito.
- B = - bonito.
- C = + bonito.

B PEDIR Y DAR INFORMACIÓN SOBRE COMPRAS

16 Participe en la conversación.

DEPENDIENTE	USTED
- ¿En qué puedo servirle?	- Usted quiere unos zapatos.
- ¿Qué número tiene usted?	- ....
- ¿De qué color lo quiere?	- ....
- 6.950 ptas.	- Usted pregunta el precio.
- Pero es una marca muy buena.	- Usted cree que son caros.
- ¿Quiere probárselos?	- Sí,...
- ¿Le quedan bien?	- Sí,...

ECUADOR

Extensión 2.800.000 km²
Población: 30.000.000
Idioma: español

PROVINCIA DE
GALÁPAGOS
(Insular)

Debe su nombre al paralelo que pasa por su territorio y que divide la esfera terrestre en dos mitades. Está atravesado de norte a sur por la gran cordillera de los Andes. Su principal fuente de ingresos es el petróleo y el gas natural. En 1525 Francisco Pizarro comenzó la exploración de este territorio, que se independizó en 1822 con la ayuda de Simón Bolívar y del general San Martín.

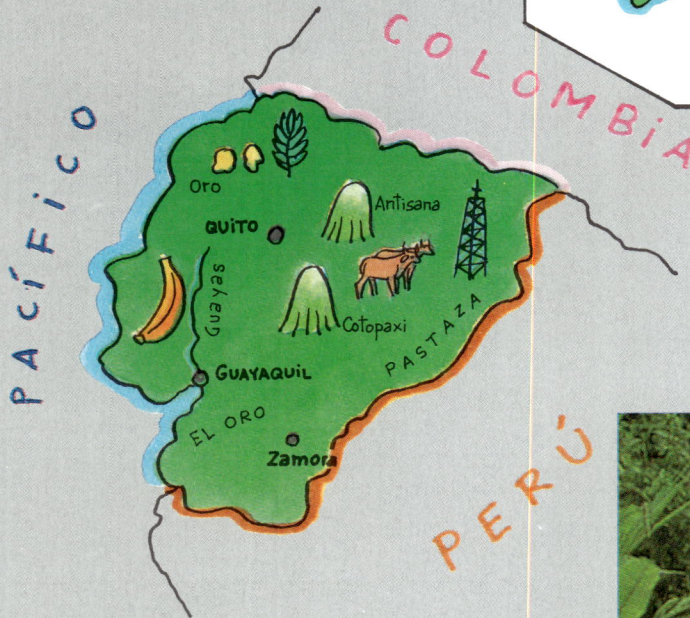

COLOMBIA

PACÍFICO

Oro
QUITO
Antisana
Guayas
Cotopaxi
PASTAZA
GUAYAQUIL
EL ORO
Zamora

PERÚ

Vuestra alma tiene mucho de la naturaleza de vuestros bosques: se la limpia de malezas que la cubren, y la simiente del bien germina y crece en ella con rapidez (...)

Juan León Mera, **Cumandá**

Ese mismo sentimiento de aborigen arrancado del suelo natal, es el que me aprieta ahora la garganta, mientras ordeno estas líneas sobre el papel.

Jorge Carrera Andrade

SERVICIOS PÚBLICOS

- **Pedir y dar información por teléfono.**
- **Dar instrucciones.**

- **SER y ESTAR.**
- **Indefinidos.**
- **Superlativos.**

1 Identifique las frases que faltan colocando la letra adecuada.

- Por favor, ¿está Carmen?.

- Soy David　　　　　　　　　　.Gracias.

- Lo siento, perdone..

- ¿Sabe cuándo llegará, por favor?

- ¿Puedo llamarla a esa hora?

- Bueno, dígale que la llamó David.

- Buenos días, quería, hablar con Don Jesús Martínez.

- Gracias.

- Sí, muchas gracias, llamaré más tarde.

- Sí, gracias. Dígale por favor que le llamó David Martín.

- Bueno, muchas gracias, le llamaré la semana que viene.

---

a) - Sí, un momento.

b) - No ha llegado todavía.

c) - ¿De parte de quién?

d) - Aquí no vive ninguna Carmen.

e) - ¿Quiere dejar algún recado?

f) - Sobre las 11.

g) - De nada. No tiene importancia.

---

a) - No se retire le pongo.

b) - Está de viaje. ¿Quiere dejar algún mensaje? Está en el extranjero.

c) - No volverá hasta la semana que viene.

d) - Lo siento, está en una reunión. ¿Puede llamar más tarde?

e) - No se retire, le pongo.

f) - Está en el extranjero; no volverá hasta la semana que viene.

---

2 Escuche el diálogo correspondiente y compruebe si estas frases son verdaderas, falsas o no hay datos.

	V	¿ ?	F
1. Una persona busca un teléfono.			
2. Entra en una cabina.			
3. El teléfono no funciona.			
4. Entra a telefonear a un bar.			
5. Pide un café con leche.			

	V	¿ ?	F
6. El teléfono está a la derecha.			
7. Tiene que bajar la escalera.			
8. Pide la guía telefónica.			
9. No encuentra el número.			
10. El teléfono comunica.			

3 **¿Qué dice?**

- Para preguntar a un amigo el teléfono de Carmen.

  a) ¿Sabes el teléfono de Carmen?

  b) ¿Me da usted el teléfono de Carmen?

  c) ¿Me dices el teléfono de Carmen?

  d) Déme el teléfono de Carmen, por favor.

- Para pedir la guía telefónica en un bar.

  a) ¿Me deja la guía telefónica, por favor?

  b) ¿Me puede dejar la guía?

  c) ¡La guía!

4 **Ahora le preguntan a usted:**

- Por favor, ¿puede decirme…?
- Por favor, ¿me quieres decir…?

  a) ¿Cuál es el prefijo de Barcelona?

  b) ¿El 958 es el indicativo de Asturias o el de Granada?

  c) ¿El 733 22 00 es información de RENFE o de IBERIA?

  d) ¿Y el 411 25 45?

  e) ¿El teléfono de radio-Taxi?

  f) ¿Y el 093, qué es?

INFORMACIÓN	
	TELÉFONOS
IBERIA	411 25 45
RENFE	733 22 00
Radio-Taxi	247 82 00
Horaria	093
Asturias	985
Barcelona	93
Granada	958

COMPRENDA LA LECTURA

5 **Lea los diferentes párrafos e indique los títulos apropiados.**

• Cinco números que se escriben delante del nombre de la población a la que se hace un envío postal.

....

• En todas las cartas, tarjetas, paquetes, etc., deberá figurar el del destinatario y el del remitente.

....

• Mejor y más rápida clasificación y distribución del correo mediante el uso de equipos mecánicos.

....

• Servicio especial de Correos por el que se recibe un envío postal en menos de 24 horas.

....

• ¿Desea disponer de todas las emisiones de sellos de España sin perder ni una sola y en su domicilio?

....

• Envíos por los que el destinatario debe abonar la cantidad de dinero indicada por el remitente.

....

• Envío de una cantidad de dinero. Puede ser ordinario, que se remite por vía postal normal, o urgente, que se remite por telégrafo ....

• El envío se justifica con un recibo. El destinatario firma la entrega de aquél.

....

1. ¿Qué es el postal exprés?..

2. Certificado...

3. Giro...

4. Reembolso..

5 ¿Qué es el código postal?..

6. ¿Qué ventajas tiene?...

7. ¿Qué envíos postales deben llevar el código?..

8. Coleccione sellos de España Servicio Filatélico de Correos...

6 He aquí la información que aparece en un cajero automático.

Para operar introduzca su tarjeta.

Tarjeta mal insertada.
Introduzca como se indica.

Teclee su número personal.

Seleccione operación.
Use teclas azules.

Por favor, teclee el importe y pulse la tecla "continuar".

Cantidad solicitada.................................pts.
Si es correcta, pulse la tecla continuar.
En caso contrario pulse la tecla "corrección".
Su operación se está procesando.
Por favor, espere.

Gracias por su visita, Sr..............................
Por favor, retire su tarjeta.

Retire el recibo y el dinero solicitado.

COMPLETE LA INFORMACIÓN

• Lo primero que hay que hacer es ....

• Si no se ha metido bien, ...

• Luego tienes que ....

• Si se quiere sacar dinero, hay que pulsar una tecla que dice.....................................

• Las cantidades van de mil en mil, así que ....
....

• Te aparece ....
y entonces ....

• Después aparece un mensaje ....

• Te dan las gracias y te indican que debes ....
....

• Finalmente te indican.....................................

Fíjese especialmente en expresiones como:

• Hay que ....

• Tienes que ....

• Debes ....

• Te indican/ dan/ aparece ....

• Si se quiere ....

• Si no se ha metido ....

7 **Ponga la forma adecuada del presente de SER y ESTAR.**

- Este reloj .... parado.

- Siempre (tú) .... cansado.

- No .... necesario trabajar tanto.

- La habitación .... llena de gente.

- Esto... importante para mí.

- Todavía .... temprano para volver a casa.

- Los bancos .... cerrados por las tardes.

- Antonio .... muy bueno en matemáticas.

- María no va a clase porque .... mala estos días.

- Mi jefe.. alemán.

8 **Ponga la forma adecuada del presente de SER o ESTAR.**

- ¡Oiga, camarero, esta sopa..................................... salada!

- ¡Mírale! Hoy Juan.........un hombre feliz;...........muy alegre.

- Después del verano, siempre (nosotros)...........muy morenos.

- El clima de Inglaterra...húmedo.

- En casa, muchas veces...descalzo.

- ¡Hola, buenos días! ¿Cómo....................................usted?

9 **Indefinidos. Ponga ALGO o NADA, según el contexto.**

- ¿Quiere usted ....? No, gracias. No quiero..

- ¿Estás buscando.................................? No, no,..

- Ahora no hago ....; no me importa..

- ¿Puedo servirle en... ?

- Aquí no hay... para ti.

- Esto es.. nuevo en este país.

10 **Superlativos. Sustituya como en el ejemplo.**
Ejemplo: Esto está **muy bueno.** = buenísimo.

- Teresa es muy inteligente. ....

- Estamos muy cansados. ....

- Esa calle está muy lejos. ....

- Lo que dices es muy interesante. ....

- Mi ropa está muy blanca. ....

- Estoy muy triste. ....

USTED HA APRENDIDO A...

A PEDIR Y DAR INFORMACIÓN POR TELÉFONO

11 **¿Qué dice usted?**

- Para preguntar el teléfono de alguien ....

- Para pedir la guía telefónica ....

- Para preguntar si está alguien ....

- Para que digan a la persona que no está, que usted la llamó ....

- Para decir usted que no está la persona a la que llaman ....

B DAR INSTRUCCIONES SOBRE CÓMO SE HACE ALGO

12 **Complete.**

- ¿Qué hay que hacer para indicar el código postal? ....

- ¿Qué debe figurar en las cartas? ....

- Por el reembolso, el destinatario ....

- Si se quiere mandar dinero urgentemente ....

- Cuando se trata de un certificado, el destinatario ....

- ¿Qué tiene que hacer para operar en un cajero automático? ....

- Si la tarjeta no se ha metido bien ....

- Cuando terminas la operación, te indican ....

BOLIVIA

Extensión: 1.098.581 km²
Población: 6.799.000
Idioma: español

PERÚ

BRASIL

PANDO

Cobija

Minas

Río Beni

Río Grande

Río Magdalena

LA PAZ

SANTA CRUZ

CHILE

PARAGUAY

ARGENTINA

Debe su nombre al libertador Simón Bolívar. Situada casi en el centro de América del Sur. Su rasgo fundamental es el contraste entre la fría zona andina y las cálidas tierras bajas de oriente. Su subsuelo es rico en minerales como el estaño, la plata y el plomo. Consiguió su independencia en 1825.

Un Dios misterioso y extraño visita la selva,
es un Dios silencioso que tiene los brazos abiertos.

Ricardo Jaimes Freyre, **Eternum Vale**

LA SALUD

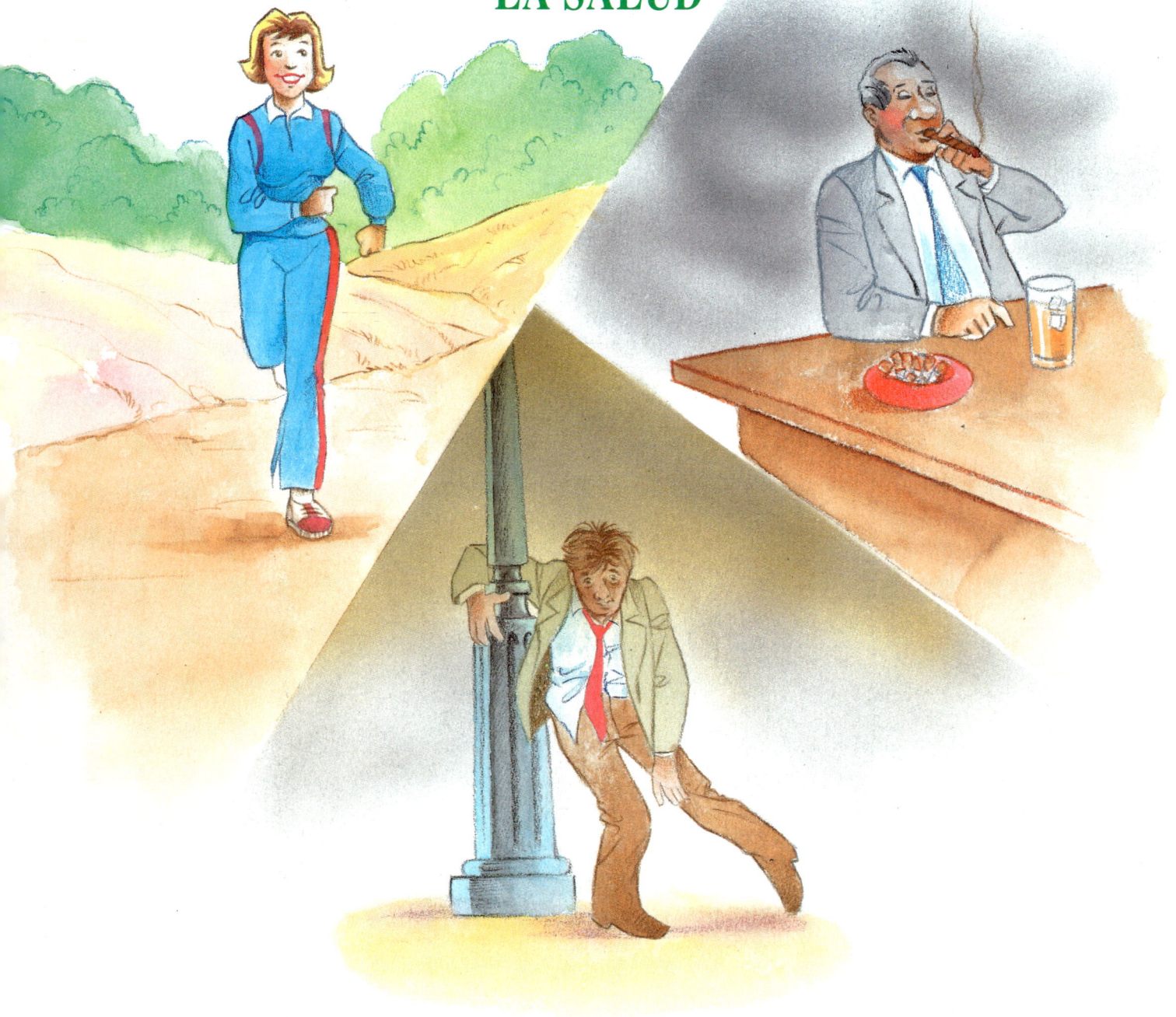

- Hablar sobre la salud.
- Dar consejos y sugerencias.

- Pretérito perfecto.
- Pretérito perfecto ≠ indefinido.
- Indefinidos.
- DEBER ≠ TENER QUE.
- ES NECESARIO ≠ HAY QUE.

📼 **1** Escuche el diálogo, complete las frases y estudie las equivalencias.

• Marta se encuentra........................... Pilar le dice que no será..........................,

que no tiene................. Le pregunta......................... le..

• Marta le responde que es muy amable pero que **está pálida** y tiene........................

• Pilar le pregunta si **ha dormido bien** y la contestación es que no, que......................,

....y que naturalmente.................................

• Finalmente Pilar sugiere que lo mejor es tomar un café y le dice: "............................

.... ".

No se siente bien.	
¿Qué le ocurre?	
No es para tanto.	
Se encuentra mal.	
¿Cuál es el problema?	
Exagera.	

LE DUELE LA CABEZA

NO HA DORMIDO BIEN

¿Por qué no tomamos un café?
Lo mejor es que tomemos un café
Anda, Marta, vamos a tomar un café.

📼 **2** Escuche los diálogos y decida.

EN LA FARMACIA

• Es una farmacia de guardia. ¿Por qué se puede suponer?...

• El cliente tiene dolor de
 ¿Estómago?
 ¿Garganta?
 ¿...........................?

• Necesita un medicamento para
 ¿Su niño?
 ¿Su mujer?
 ¿...........................?

• Le ofrecen
 ¿Un jarabe?
 ¿Un supositorio?
 ¿...........................?

• Si continua el dolor le sugieren que vaya
 ¿A una clínica?
 ¿Al hospital?
 ¿...........................?

• El cliente opina que se debe ir...

• Se despiden, y en lugar de decir adiós, dicen.. y.............

• Finalmente el farmacéutico le desea...

3 Participe en el diálogo utilizando la frase adecuada.

CITA CON EL DOCTOR

1. Clínica del doctor Domínguez. ¿Dígame?

2. Dígame el nombre, por favor.

3. ¿Ha venido más veces?

4. Sí, aquí la tengo. ¿Qué le ocurre a la niña?

5. Sí, aquí figura: enfriamiento. Pero ya no tiene fiebre, ¿no?

6. ¿Se le pasó la tos?

7. ¿Le viene bien el jueves a las 5?

UTILICE

a • Sí, muy bien. Muchas gracias.

b • También se le pasó. Pero prefiero que la vea el doctor.

c • No, ya no tiene. Se encuentra mejor.

d • Tiene todavía algo de catarro.

e • Buenos días, quería hora para llevar a mi hija.

f • La niña se llama Paula Fernández.

g • Sí, tienen ustedes la ficha.

4 Participe en el diálogo.

EN LA CONSULTA

El paciente dice que le duele mucho el estómago. No se ha dado ningún golpe; ha comido ligeramente. Le duele con alguna frecuencia. Le duele todo, pero le parece que más en el lado derecho. Tiene miedo porque cree que es apendicitis. Fuma mucho, le gusta mucho el café y bebe algo de vino en las comidas. Pregunta si es algo grave y si le tendrán que operar. Pide consejo a la doctora.

- Buenos días, dígame qué le ocurre, por favor...

- ¿Se ha dado algún golpe? ¿Le ha sentado mal alguna comida?.................................

- ¿Le ha dolido otras veces?...

- ¿Le duele en el lado derecho, en el izquierdo, o en el centro?...................................

- No parece un dolor muy agudo y no tiene fiebre. ¿...?

- ¿Fuma usted? ¿Le gusta el café? ¿Bebe alcohol?...

- No, no se preocupe, no tiene nada grave. ¿..?

- No, no se asuste, no hay que operarle..

- Le sugiero que fume menos y beba menos café...

- En la receta le indico lo que debe hacer..

5 Relacione las frases con los títulos. Numere los círculos adecuadamente.

**Alimentación
sana y equilibrada**

● ● ● ● ●
1 2 3 4 5

Cuide su piel

● ● ● ● ●
6 7 8 9 10

Duerma bien

● ● ● ● ●
11 12 13 14 15

● • Elimine cualquier signo de fatiga en su piel.

● • ¿Qué me dice si rejuvenece su rostro y frena el paso del tiempo?

● • ¿Quiere un consejo? Trate de relajar sus músculos.

● • Tome menos grasa y calorías inútiles y podrá controlar su peso.

● • ¿Qué le parece si a partir de ahora hace la digestión con más facilidad?

● • ¿Le puedo dar un consejo? Atención, porque los kilos que se ganan, casi nunca se pierden.

● • Le aconsejamos que beba todo el agua que quiera y controle el vino que toma.

● • Lo mejor es que penetra en la epidermis actuando en sus capas más profundas.

● • Le sugiero que tome una posición cómoda y vaya estirándose lentamente.

● • Hay que respirar lenta y profundamente.

● • Duerma siempre a oscuras.

● • Se lo recomendamos porque posee principios activos antiarrugas.

● • ¿No le gustaría una excelente base de maquillaje?

● • Usted también se dará cuenta de que la fibra ayuda a comer menos porque da la sensación de haber comido más.

● • Debe pensar en cosas agradables.

6 Vuelva a leer el ejercicio 5 y escriba aquí las expresiones que indican consejo/sugerencia.

1. Elimine..

2. ¿Qué.. si.. ?

3. ¿.. consejo?

4. ¿Qué.. si.. ?

5. ¿.. puedo.. ?

6. Le.. que...

7. Lo..

8. .... sugiero..

9. Hay..

10. Se..

11. ¿No.. ?

12. Usted... de que...

7 Lea esta nota de divulgación médica.

Y ahora escriba consejos/sugerencias con la misma.

1. (Use un imperativo)..

2. (Use un imperativo)..

3. ¿Qué.. ?

4. ¿Qué.. ?

5. Le..

6. Le..

7. Lo..

8. Hay que..

9. Debe..

10. Usted..

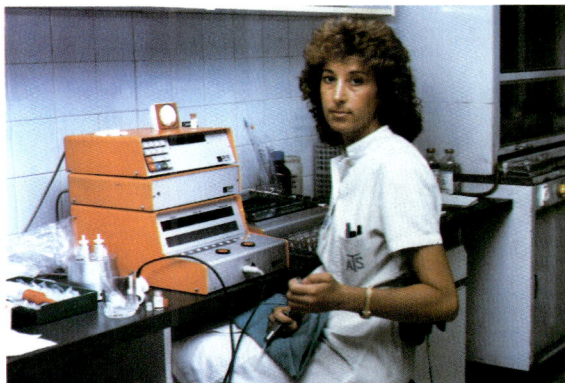

En el mundo moderno son millones las personas que padecen de hipertensión. En España puede afectar al 20% de la población adulta. La vida sedentaria, el stress, el abuso del café, del alcohol y del tabaco y la inadecuada alimentación, (en la que figura el exceso en el consumo de sal) contribuyen a que siga aumentando esta afección.

8 Pretérito perfecto. Ponga el infinitivo en participio pasado.

- He (oír) .... las noticias.
- Hemos (tener) .... tiempo para todo.
- ¿No habéis (ver) .... mi cartera?
- ¿Cuándo lo has (aprender) ....?

- Estoy segura de que me ha (mirar) ....
- ¿Lo has (leer) .... en el periódico?
- Nunca ha (ser) .... muy feliz.
- Siempre hemos (hacer) .... lo que hemos (querer) ....

9 Pretérito perfecto ≠ pretérito indefinido. Ponga la forma adecuada del pretérito perfecto en las siguientes frases.

- Ayer **fuimos** al cine; hoy .... al teatro.
- Anoche **vinieron** todos; esta noche no .... nadie todavía.
- El mes pasado **salimos** todos los días; este mes no .... casi nada.
- El año pasado **viajé** muy poco; este año .... mucho más.
- En aquel accidente no **murió** nadie; en éste .... tres personas.
- La otra vez no **hubo** ningún problema, pero esta vez .... varios.

10 Indefinidos. CADA ≠ TODO - A - OS - AS. Ponga la forma adecuada.

- .... vez habla mejor el español.
- Conoce a .... el mundo en el pueblo.
- Comemos .... los días a la misma hora.
- Aquí .... uno tiene su sitio.

- Le gusta dormir a .... horas.
- .... el mundo tiene problemas.
- .... lo que dices son tonterías.
- En .... calle había dos o tres bares.

11 DEBER = TENER QUE. Haga como en el ejemplo.
Ejemplo: Debe llegar pronto = **Tiene que** llegar pronto.

- **Debemos** estudiar más. ....
- **Debe** hacer mal tiempo. ....
- No **debes** enfadarte. ....
- Ese profesor **debe** hablar menos. ....
- Ustedes **deben** hacer más ejercicio físico. ....
- A ella **debe** gustarle la paella. ....

12 ES NECESARIO = HAY QUE. Haga como en el ejemplo.
Ejemplo: Es necesario trabajar más = **Hay que** trabajar más.

- Es necesario levantarse antes. ....
- No es necesario correr tanto. ....
- Es necesario saber de todo. ....
- No es necesario comprar los muebles. ....

USTED HA APRENDIDO A...

A HABLAR SOBRE LA SALUD

13

- ¿Para preguntar? ....
- No se encuentra bien ....
- No tiene buen color ....
- ¿Y la cabeza? ....
- ¿Y el sueño? ....

B DAR CONSEJOS Y SUGERENCIAS

14

	CONSEJO / SUGERENCIA	
• Tomo bastantes grasas y alimentos con muchas calorías.		
• Así que mi digestión es pesada.		
• Esta semana he engordado dos kilos.		
• Casi no bebo agua; suelo beber vino en las comidas.		
• ¿Para qué sirve tomar alimentos ricos en fibras?		
• Cuando me acuesto tengo los músculos muy tensos.		
• Suelo dormir algo encogido.		
• Mi respiración es agitada.		
• Me gusta dormir con algo de luz.		
• Suelo pensar en los problemas del día.		

COLOMBIA

Extensión: 1.141.748 km²
Población: 28.655.000
Idioma: español

País de grandes contrastes, tiene cinco regiones naturales. Al norte, la costa caribeña de tradición agrícola. En el centro, la región andina; al sur, la región de Los Llanos y la selva amazónica de grandes riquezas naturales. Por último la costa del Pacífico, poco habitada. Territorio explorado por los españoles en 1499, consiguió su independencia en 1819 con la ayuda del libertador Simón Bolívar. Su producto más conocido es el café.

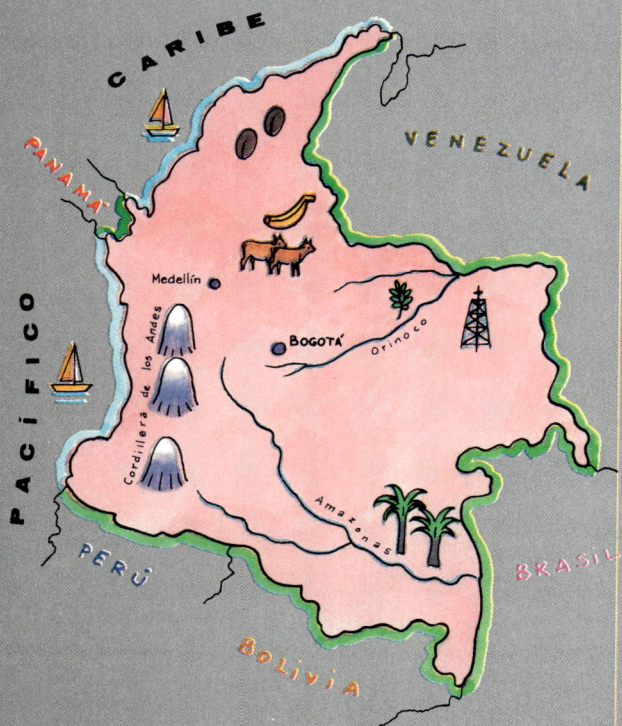

… todo lo escrito en ellos era irrepetible desde siempre y para siempre, porque las estirpes condenadas a cien años de soledad no tenían una segunda oportunidad sobre la tierra.

G. García Márquez, **Cien años de soledad**

Infancia, valle ameno,
de calma y de frescura bendecida
donde es suave el rayo
del sol que abrasa el resto de la vida.

J. Asunción Silva, **Los maderos de S. Juan**

104

EDUCACIÓN

- Expresar gustos y preferencias.
- Expresar acciones en el pasado.

- Exclamaciones.
- HACE + Expresión de tiempo pasado.
- ¿ CUÁNTO TIEMPO HACE QUE + presente?
- ¿DESDE CUÁNDO + presente?

1 Escuche el diálogo y complete la información.

	¿DÓNDE HA HECHO SUS ESTUDIOS?	
	ELLA	**ÉL**
• Enseñanza primaria.	....	....
• Enseñanza pública/ privada.	....	....
• Enseñanza media = estudios secundarios.	....	....
• C.O.U. = Curso Orientación universitaria.	....	....
• Estudios en la universidad o trabajo.	....	....
• ¿Qué lenguas habla?	....	....
• ¿Por qué?	....	....
• Planes futuros.	....	....

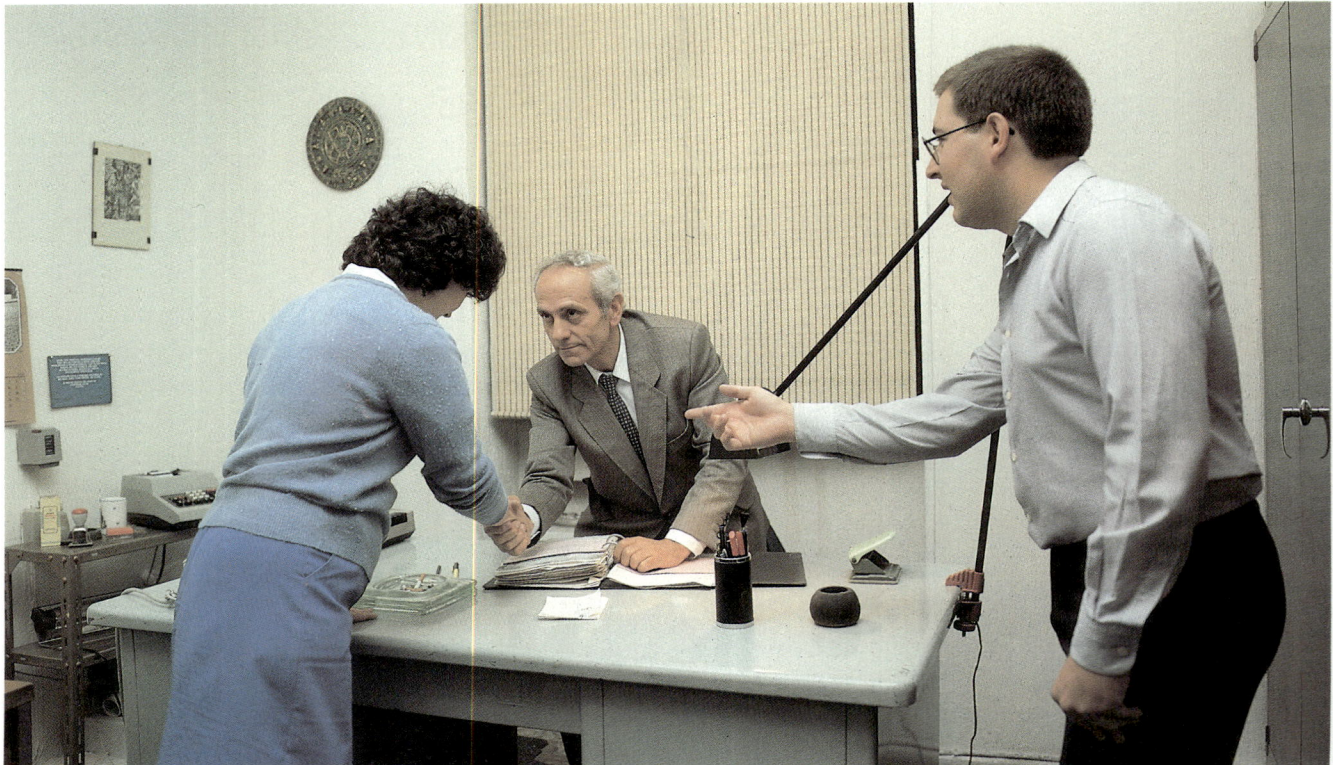

2 Ayude en las respuestas.

¿QUÉ OS GUSTA MÁS?

- ¿Qué os gusta más de un colegio?

  \- .... es el recreo.

  - A mí, los amigos.

  - Pues, ... son los deportes.

- ¿Y qué os parece lo que tenéis que estudiar?

  - Las asignaturas son ....

  - Hombre, todas no. Hay ....

  - Pues .... la Historia.

  - A mí ....

- ¿Os gusta estudiar lenguas extranjeras?

  - A mí .... estudiar idiomas.

  - A mí también ....

  - A mí ....

- ¿Y qué os gusta menos del colegio?

  - A mí, los exámenes.

  - A mí, igual. Examinarse es ....

  - Si apruebo, no me importa, pero suspender ....

  ....

- ¿Y después del colegio, qué os gusta hacer?

  - Después del colegio .... y me voy

  a casa a descansar.

  - Yo soy .... a la música y voy al conservatorio.

  - .... todos los deportes pero ....

  es el judo y voy a un gimnasio.

  - .... es jugar al baloncesto.

UTILICE ESTAS EXPRESIONES

Me encanta.	No me gusta nada…
Me gustan mucho.	Muy aburridas.
No mucho.	Alguna interesante.
Me molesta mucho.	Fatal
Tengo mucha afición a…	Muy aficionada a...
A mí lo que más me gusta…	El que me interesa más es...
Lo que yo prefiero…	No tengo ganas de nada…
A mí me gusta…	Mi pasatiempo favorito es…

3 Las palabras destacadas son necesarias par entender este tema. Compruebe que conoce su significado antes de iniciar la lectura y luego coloque estas palabras en el lugar adecuado del texto.

REFORMA EDUCATIVA EN ESPAÑA

.................................a establecer un nuevo **modelo de estudios** en los **centros de enseñanza** infantil, básica y media;.................................el periodo de **escolaridad obligatoria** hasta los 16 años,.................................los niveles de enseñanza,.................................nuevas modalidades en el **bachillerato** y se modifican los estudios de carácter técnico y profesional.

se va
aparecen
se transforman
se amplía

La primera etapa es la educación infantil.................................en dos periodos, de 0 a 3 años y de 3 a 6 años. No................................., pero hay **plazas escolares** para todo.................................

el
que
lo
solicite
es obligatoria
se divide

La educación primaria va desde los 6 a los 12 años. ....grupo de alumnos tiene un.................................profesor aunque en idiomas extranjeros, música y educación física hay **profesores especialistas** que ayudan en los grupos.

todos
cada
solo

La enseñanza secundaria obligatoria dura.................................los 16 años. Cada **asignatura** es dada.................................un profesor especialista. Hay **materias comunes** ....todos los estudiantes y también **asignaturas optativas** ....los últimos cursos.

en
a
hasta
por

El bachillerato, hasta los 18 años, tiene cuatro modalidades: Humanidades y ciencias sociales; ciencias naturales y de la salud, técnico y artístico. A partir de aquí se puede ir a la universidad, superada una **prueba de acceso**.

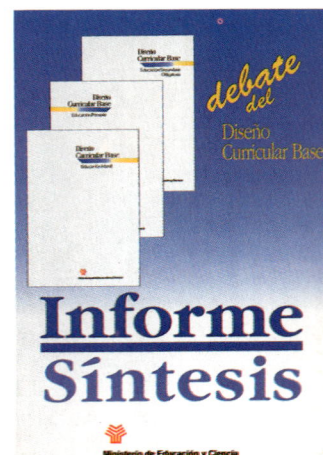

4 Con los datos de los cuadrados, escriba lo que probablemente hicieron o no la semana pasada.

FÍJESE

- A Ana le interesan las matemáticas y le encanta la historia.

- A Marta le gustan los idiomas y tiene afición a todos los deportes.

- A Paloma le parecen más interesantes las ciencias y prefiere la música.

- Una conferencia sobre calculadoras electrónicas.

- Una película en versión original.

- Un partido de fútbol.

- Un concierto.

- Una exposición de minerales.

- Un libro sobre la Revolución Francesa.

cine	ir
estadio	estar
auditorio	asistir
biblioteca	visitar
museo de ciencias naturales	presenciar
	escuchar
feria de Muestras	leer
	ver

ANA:

MARTA:

PALOMA:

5 **Exclamaciones. ¡QUÉ - MÁS/TAN …! Forme exclamaciones como en el ejemplo**

  Ejemplo: coche - bonito = ¡**Qué** coche **más/tan** bonito!

  • Lección - aburrida. ....

  • Día - malo. ....

  • Ciudad - grande. ....

  • Plantas - verdes. ....

  • Libro - interesante. ....

  • Cama - cómoda. ....

6 **Exclamaciones. Haga como en el ejemplo.**

  Ejemplo: lejos/ estar/ esa plaza = ¡Que lejos está esa plaza!

  • Bien/ hablar/ esa señora. ....

  • Simpática/ ser/ tu amiga. ....

  • Fría/ estar/ el agua. ....

  • Cara/ estar/ la vida. ....

  • Amargo/ saber/ el café. ....

  • Tonto/ ser/ tú. ....

7 **HACE + expresión de tiempo pasado. Transforme como en el ejemplo.**

  Ejemplo: Estuve allí **hace dos días** = **Hace dos días que** estuve allí.

  • Conocímos París hace tres años. ....

  • Salieron hace un minuto. ....

  • Tuvieron una hija hace dos meses. ....

  • Vivió usted en esa calle hace muchos años. ....

8 **¿CUÁNTO TIEMPO HACE QUE + presente? Conteste a estas preguntas.**

  Ejemplo: ¿Cuánto tiempo hace que estudia español?

  Hace dos meses que lo estudio.

  • ¿Cuánto tiempo hace que conoces a ese chico? ....

  • ¿Cuánto tiempo hace que escuchas la radio? ....

  • ¿Cuánto tiempo hace que fuma usted? ....

  • ¿Cuánto tiempo hace que trabaja usted en esa tienda? ....

  • ¿Cuánto tiempo hace que usas gafas? ....

9 **¿DESDE CUÁNDO + presente? Haga las mismas preguntas del ejercicio anterior y contéstelas con DESDE HACE…**

  Ejemplo: ¿**Desde cuándo** conoces a ese chico?

  Desde hace tres semanas.

USTED HA APRENDIDO A...

A EXPRESAR GUSTOS Y PREFERENCIAS

10 **De lo que estudia…**

              mucho?

  • ¿Qué le gusta más?..

              menos?

  • ¿Qué es lo que no le gusta nada?...

De sus actividades diarias…

  • ¿Qué es lo que prefiere?...

  • ¿Le encanta algo?..

  • ¿Le molesta algo?..

  • ¿Qué aficiones o pasatiempos favoritos tiene?..

De los deportes…

  • ¿Cuál le interesa más?...

  • ¿Le parece alguno aburrido?...

B EXPRESAR ACCIONES EN EL PASADO

11

  • ¿Dónde comenzó usted los estudios?..

  • ¿Dónde los terminó?...

  • ¿Qué lenguas extranjeras estudiaba?..

  • ¿Qué asignaturas le gustaban más?...

  • ¿Qué deportes le interesaban más?...

  • ¿Qué aficiones tenía?..

  • ¿Fue al cine la semana pasada?...

  • ¿Qué película vio?...

CENTROAMÉRICA

Extensión: 490.449 km²
Población: 25.878.409
Idioma: español

Se extiende desde la frontera sur de México hasta los límites con Colombia. Está constituido por seis países: Costa Rica, Guatemala, El Salvador, Honduras, Nicaragua y Panamá. El istmo centroamericano era gobernado como un solo país en la época colonial española, independizándose en 1821.

Todas las noches en Managua
la casa Presidencial se llena
de sombras.

Ernesto Cardenal, **Hora 0**

¡Que vuestro himno soberbio vibre,
hombres libres en tierra libre!

R. Darío, **Canto a la Argentina**

EMPLEOS Y PROFESIONES

- Describir acciones en el presente.
- Expresar opiniones.
- Pretérito indefinido ≠ imperfecto.
- ACABAR DE + infinitivo.

¿LO ENTIENDE?

1 Escuche y complete la información. Escriba el número correspondiente.

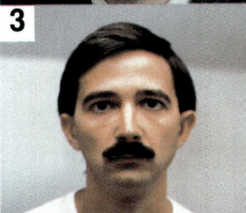

1

2

3

4

a. ¿Dónde trabajan?

- ☐ Compañía de seguros
- ☐ Banco
- ☐ Garaje
- ☐ Hospital

b. ¿A qué hora empieza el trabajo?

- ☐ 8:30 ¿ ?
- ☐ ¿ ? 17:00
- ☐ 8:30 17:30
- ☐ ¿ ? ¿ ?

c. ¿Qué medio de transporte utilizan?

- ☐ A pie
- ☐ Coche/autobús
- ☐ Metro
- ☐ Coche

d. ¿Cuánto dura el viaje?

- ☐ 10 m.
- ☐ 30 m.
- ☐ 45 m.
- ☐ ¿ ?

e. ¿Dónde comen?

- ☐ Cafetería
- ☐ Bar
- ☐ Restaurante
- ☐ Cafetería hospital

2 Vuelva a escuchar la grabación y conteste.

- ¿Por qué tiene que levantarse Mª Cruz a las siete?

- ¿Por qué tiene que coger el metro?

- ¿Por qué se le pasa el tiempo enseguida?

- ¿Por qué el empleado de banco no tiene que levantarse temprano?

- ¿Dónde compra el periódico?

- ¿Por qué dice Miguel que tiene que coger el coche?

- ¿Cuándo tiene que coger el coche Ángeles?

3 Escuche el diálogo y señale las características que se indican. Luego hable de estos personajes, de los datos que ya sabe: profesión, etc. y de las características de sus trabajos.

	AGRADABLE DESAGRADABLE	FÁCIL / MOLESTO DIFÍCIL / DURO	SENCILLO COMPLICADO	INTERESANTE ABURRIDO	SEGURO PELIGROSO	SIMPÁTICO ANTIPÁTICO
Ángeles						
Pepe						
Miguel						
Mª Cruz						

4 A Pepe le hacen una entrevista para entrar a trabajar en el banco.

Haga el papel de **PEPE**:

• ¿Qué experiencia de trabajo tiene?

....

• ¿Sigue en la misma empresa?

....

• ¿Por qué?

....

• ¿Sabe escribir a máquina?

....

• ¿Ha trabajado con ordenadores?

....

• Le haremos un contrato provisional.

....

• Tres meses de prácticas y luego contrato hasta un año. ¿Alguna otra pregunta?

....

• Comenzará ganando unas 120.000 ptas.

UTILICE

En el paro.

Dos años; agencia de seguros.

Dos cursos de mecanografía.

Ordenadores tratamiento de textos.

No necesitaban personal y le despidieron.

Quiere saber en qué consiste el contrato y el sueldo.

COMPRENDA LA LECTURA

5 ¿Qué anuncio interesa más a cada persona?

A. DEMANDAS DE EMPLEO:

1. Trabajaría como ayudante de albañil, fontanero, electricista, pintor. Disponible incluso sábados, domingos y festivos.

2. Administrativa, mecanografía, manejo de ordenadores, telefax, conocimientos de contabilidad, experiencia de seis años.

3. Joven de 24 años con moto propia busca trabajo fijo.

4. Joven extranjero, 1,85, fuerte, conocimientos de artes marciales, se ofrece para trabajar en cualquier cosa.

5. Señorita con experiencia de dependienta en grandes almacenes busca trabajo.

OFERTAS DE EMPLEO

○ Empresa de mensajeros necesita cubrir varios puestos. Seguridad social, sueldo más incentivos.

○ Empresa de seguridad necesita contratar personas ambos sexos formación a cargo de la empresa.

○ Necesitamos buenos vendedores para nueva red de establecimientos comerciales. Condiciones a discutir.

○ Se necesita contable con conocimientos de ordenador. Preferiblemente estudiantes de Ciencias empresariales.

○ Se necesitan fontaneros y calefactores experimentados. Pagamos buenos salarios.

EL PAIS
OFERTAS DE EMPLEO

B. CONTESTE AHORA A LAS SIGUIENTES PREGUNTAS:

• En las demandas de trabajo, ¿quiénes son hombres y quiénes son mujeres?

• ¿En cuáles no se sabe? ¿Por qué?

• ¿Qué ofertas no mencionan las condiciones económicas de trabajo?

• ¿Quién está dispuesto a trabajar los fines de semana y días de fiesta?

• ¿Quiénes indican que ya han tenido otros trabajos?

• ¿Qué empresas no requieren experiencia previa?

• ¿Ha trabajado alguien en alguna tienda?

6 Describa su jornada de trabajo. Mencione todos estos datos.

- Nombre
- Profesión
- Lugar y horario de trabajo
- Tiempo que lleva en él
- Estudios
- Experiencia
- Medio de transporte
- Duración
- Dónde come

Redacción:

7 ¿Qué les parecen a estos personajes sus trabajos?
Escriba las características que ellos mencionaban.

- Ángeles

- Pepe

- Miguel

- Mª Cruz

... **Y el trabajo de usted,** ¿qué le parece?

EJERCICIOS GRAMATICALES

8 **Pretérito indefinido ≠ pretérito imperfecto. Dé la forma apropiada del indefinido en las siguientes frases.**

- Todos los días venía a recogernos en el coche, pero ayer no (poder) ....
- Todas las mañanas desayunaba en la cafetería, pero esta mañana no (ir) ....
- Después de comer siempre dormíamos la siesta, pero el otro día (tener) ....que ir al médico.
- Los veranos los pasábamos en la playa, pero el año pasado (estar) ....en un pueblo del Pirineo.
- Antes mi marido llevaba a los niños al colegio, pero la semana pasada los (llevar) ....yo.
- Todos los años se reunía toda la familia en Navidad, pero el año pasado no (reunirse) ....

9 **Pretérito indefinido ≠ pretérito imperfecto. Dé la forma apropiada del imperfecto.**

- Cuando llegamos a España, yo (tener) ....15 años.
- Cuando nos conocimos, Elisa (vivir) ....en Copenhague.
- Cuando llamé, ellos no (estar) ....en casa.
- Cuando se hizo ingeniero, sólo (tener) ....22 años.
- Cuando hablé con ellos por primera vez, ya (yo saber) ....quiénes (ellos ser) ....

10 **Pretérito indefinido ≠ pretérito imperfecto. Ponga el primer verbo en imperfecto y el segundo en indefinido.**

- Mientras (yo leer) ....el periódico, (sonar) ....el teléfono.
- Mientras (ellos estar) ....en la cola de los billetes, a alguien le (robar) ....el equipaje.
- Mientras (yo pasear) ....por el parque, (yo ver) ....a tu novia con otro chico.
- Mientras (ella mirar) ....por la ventana, la vecina (llamar) ....a la puerta.

11 **ACABAR DE ≠ infinitivo. Sustituya según el ejemplo.**

Modelo: Hace un momento que he terminado = Acabo de terminar.

- Hace un instante que le vimos. ....
- Hace muy poco tiempo que llegaron. ....
- Hace un minuto que cerraron la tienda. ....
- Hace un momento que ha empezado la película. ....
- Hace unos instantes que cenamos. ....

USTED HA APRENDIDO A...

A DESCRIBIR ACCIONES EN EL PRESENTE

12

- ¿Dónde trabaja Ángeles? ....
- ¿Y usted? ....
- ¿Cuándo va al trabajo en autobús? ....
- ¿Y en coche? ....
- ¿Y usted, qué medio de transporte utiliza? ....
- ¿Dónde come Ángeles? ....
- ¿Dónde compra el periódico Pepe? ....
- ¿Qué hace Mª Cruz todos los días? ....
- Describa la jornada de trabajo de usted: ....
  ....
  ....

B EXPRESAR OPINIONES

13

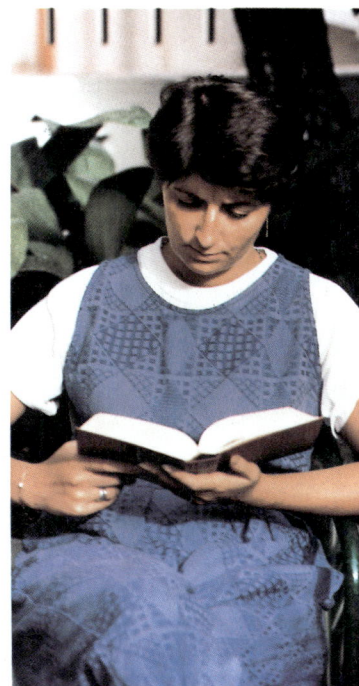

- ¿Qué le parece el trabajo de Ángeles? ....
- ¿Qué le parecen a usted sus compañeros?
  ....
- ¿Le parece que hay algún trabajo peligroso en las ofertas de empleo? ....
- ¿Por qué se le pasa el tiempo muy rápido a Mª Cruz? ....
  ....
- ¿Cómo es el libro que está usted leyendo? ....
  ....
- Y este ejercicio, ¿qué le parece? ....
  ....
- ¿Cómo cree que va su español? ....
  ....

CHILE

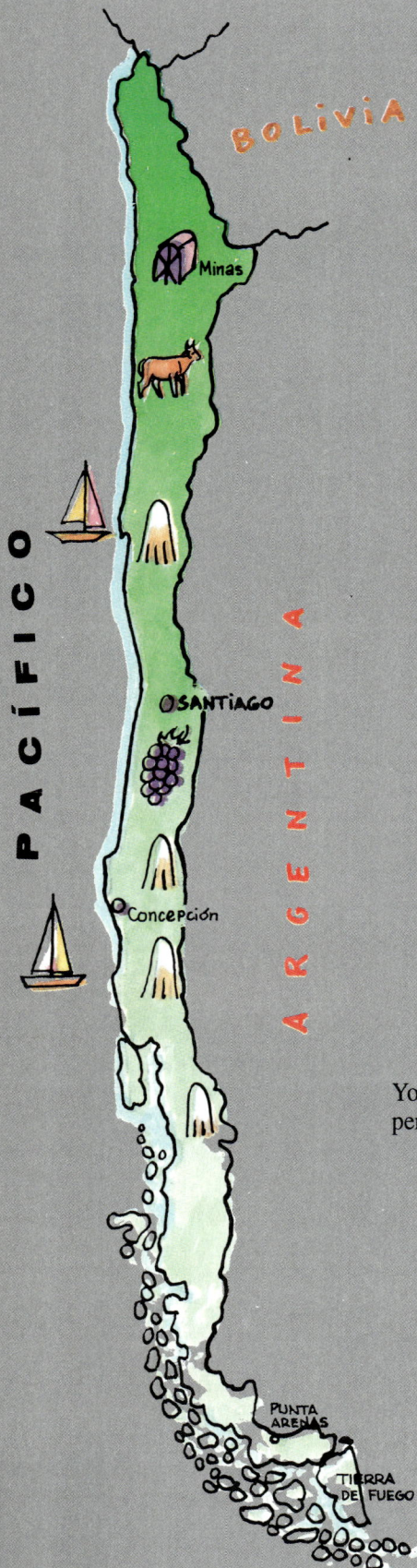

BOLIVIA

Minas

PACÍFICO

ARGENTINA

SANTIAGO

Concepción

PUNTA
ARENAS

TIERRA
DE FUEGO

Extensión: 756.626 km²
Población: 12.431.211
Idioma: español

Es el país de mayor longitud del continente. Cubre una estrecha lengua de tierra en la vertiente occidental de la Cordillera de los Andes. En el extremo sur, junto al estrecho de Magallanes, se encuentra la Tierra del Fuego, con extraordinarios paisajes árticos. Son muy famosas las minas de cobre. Chile alcanzó su independencia en 1818.

He llegado a tocar el corazón desnudo de mi pueblo y a realizar con orgullo que en él vive un secreto más fuerte que la primavera (…) el secreto de la verdad, que mi humilde, solitario y desamparado pueblo saca del fondo de su duro territorio.

Manuel Aguirre

Yo tendría diez años,
pero ya era poeta.

Pablo Neruda

EJERCICIO FÍSICO Y DEPORTES

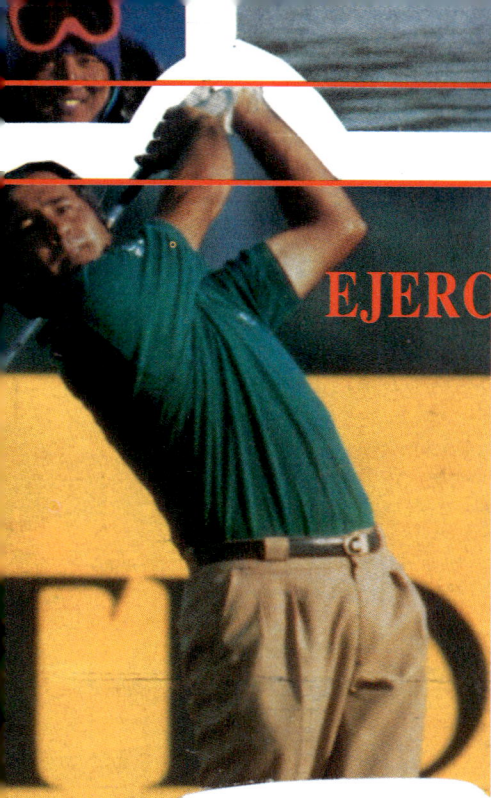

• Expresar frecuencia.
• Expresar sentimientos.

• Subjuntivo ≠ Indicativo en oraciones subordinadas.
• Adjetivos apocopados.

1 Numere el cuadro correspondiente a cada instrucción.

2 Escuche la cinta y complete los cuadros correspondientes.

1
2

3
4

5
6

¿Hace usted mucho deporte?		
¿Con qué frecuencia hacen deporte?	¿Cuál es la última frase que dicen?	¿Hacen deporte, mucho, bastante, poco, nada?
1		
2		
3		
4		
5		
6		

3 **Lleve la contraria por sistema.**

¿Qué tal va el partido?

1. El equipo está jugando bien.

Nada de eso, ...

2. Yo soy optimista en cuanto al resultado.

De ninguna manera, ...

3. Creo que todo va a salir bien.

No creas, ...

4. Seguro que vamos a ganar.

Ni hablar, ...

5. Estoy seguro de que será un éxito.

No, en absoluto, ...

6. Pues yo estoy muy animado.

Pues yo lo contrario, ...

7. Esto anima a cualquiera.

Nada, hombre, esto ....

8. Un empate sería para estar contento.

De eso nada, ...

9. A mí me produce alegría ver tanta gente.

Pues a mí, ...

10. Ese árbitro me pone siempre de buen humor.

Nada, a mí este árbitro ....

11. ¡Bien! ¡Bravo! ¡Viva!

....

12. De todas formas, hasta el final no se puede cantar victoria.

No se puede cantar nada. Va a ser ....

FÍJESE		
• Victoria	• Alegría	• Éxito
• Derrota	• Tristeza	• Fracaso
• ¡Bien!	• Contento	• Ganar
• ¡Bravo!	• Alegre	• Perder
• ¡Viva!	• Triste	• Optimista
• ¡Mal!	• Animar	• Pesimista
• ¡Fatal!	• Desanimar	
• ¡Fuera!	• Deprimir	

4 Señale qué fotografía corresponde a cada información.

[4]
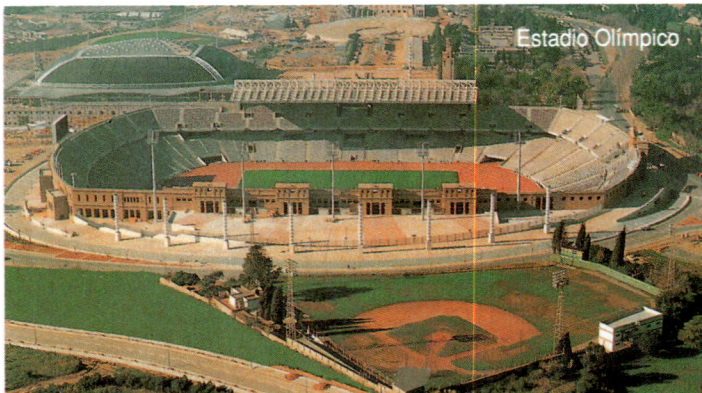
Estadio Olímpico

[3]

Palacio Sant Jordi

☐ Este Palacio de Deportes tiene una capacidad de 17. 000 asientos.

☐ El Estadio tiene cabida para 60.000 espectadores sentados. Esta moderna instalación está diseñada para albergar más de 400 embarcaciones. Es una de las zonas deportivas más completas del mundo.

☐ La torre, en la parte superior de la foto, forma parte de la histórica fachada de 1929.

☐ La cubierta, en forma de malla metálica, se ha construido con las técnicas más avanzadas.

☐ Las competiciones de vela tienen lugar en el puerto deportivo.

☐ Aquí se encuentran los escenarios de las principales competiciones: Estadio Olímpico y Palacio Sant Jordi, entre otros.

☐ La alta tecnología de sus servicios lo convierte en una instalación de élite.

☐ La fachada, histórica, armoniza con unas remodeladas instalaciones interiores.

☐ Sus instalaciones pueden ser también utilizadas como escuela de vela.

☐ El parque que envuelve al anillo representa la recuperación de 52 hectáreas de zona verde.

[2]

Puerto Olímpico

[1]

Anillo Olímpico

5 Escriba las características de estos deportes, haciendo referencia a: número de jugadores por equipo; qué se utiliza; con qué se golpea; en qué consiste; qué duración tiene y quién gana.

11	balón	pies/ cabeza	meter balón en portería contraria	dos tiempos de 45 minutos	meter más goles
individual	pelota	bastón	meter pelota en agujeros	sin tiempo	18 agujeros en menos tiempo
parejas	todo el cuerpo	manos/ brazos/ piernas	derribar/ inmovilizar	1 ó 2 minutos	• inmovilizar espaldas • abandonar por llave.
Individual o parejas	pelota	raqueta	pasar pelota sobre red y bote en terreno contrario	hasta que alguien gane	quien gane más sets

Fútbol:

Golf:

Judo:

Tenis:

6 Subjuntivo en oraciones dependientes. Ponga el verbo en la forma adecuada de presente del subjuntivo.

- No quiero que (tú salir)..de noche.
- Sentimos mucho que (usted estar) ....enfermo.
- ¡Dígale que (él pasar) ....!

- Prefiero que (tú quedarte)...aquí.
- No le gusta que los niños (jugar) .... en el salón.
- ¿Me permite usted que (yo decir) ....algo?

7 Indicativo en oraciones dependientes. Ponga el verbo en la forma adecuada del presente de indicativo.

- ¿ Tú crees que (ella tener)...........................razón?
- Ahora recuerdo que (usted salir)...........de viaje enseguida.
- ¿Sabes por qué (ellos andar).........................tanto?

- He notado que (tú estar)................................muy callado.
- Supongo que todos nosotros (estar)....................de acuerdo.

8 Indicativo ≠ subjuntivo. Ponga el verbo en la forma adecuada del presente de indicativo o de subjuntivo.

- Sabemos que (ellos hablar)...cuatro idiomas.
- A mis padres no les gusta que (yo invitar).....................................a mis amigos a casa.
- Tengo miedo de que (hacer) ....mal tiempo.
- Todavía se acuerda de que (usted vivir).....................................en la c/ Reina, 24.
- Necesito que me (tú ayudar)..
- No quiero que (ellos ir) ....con nosotros.
- Dicen que no (ellas comprender)...nada.
- Espero que (tú llegar) ....pronto.

9 Adjetivos apocopados (buen, mal, gran y san). Ponga la forma adecuada en cada uno de los casos siguientes:

- Sara es una (bueno)... amiga mía.
- Éste es un (malo) ....momento para mí.
- Napoleón fue un (grande)..estratega.
- (Santo)...................Agustín fue un (grande)..............................filósofo.
- (Santo)...........................Tomás de Aquino es el patrón de la enseñanza.
- Era un (bueno) ....hombre.
- Estoy pasando una (malo)...época.
- Tiene (grande)..amigos y enemigos.

USTED HA APRENDIDO A...

A EXPRESAR FRECUENCIA

10

- Juego al tenis...
- En verano voy a la piscina...
- Hago gimnasia..
- Me voy a la montaña..
- Corro un par de kilómetros...
- Veo mucho deporte..

PUEDE UTILIZAR
por las mañanas.
todos los días.
una vez a la semana.
siempre que puedo.
antes de ir al trabajo.
después del trabajo.

Y ahora, indique si la frecuencia le parece:
Mucho, bastante, algo, poco o nada.

B EXPRESAR SENTIMIENTOS

11 Manifieste lo contrario.

- Estamos jugando bastante mal

- Me encuentro muy pesimista

- Siempre me sale todo mal.

- Estoy seguro de que perderemos

- Va a ser un fracaso

- Estoy desanimadísimo

- Parece que estás algo triste

- A mí esto me produce tristeza

- Tienes cara de mal humor

No creas, ...
Nada,nada, ...
Nada de eso; ....
¡Qué va! ....
De eso nada, ...
Pues yo lo contrario, ...
Todo lo contrario, ...
Ni hablar; ....
De ninguna manera. ....

ARGENTINA

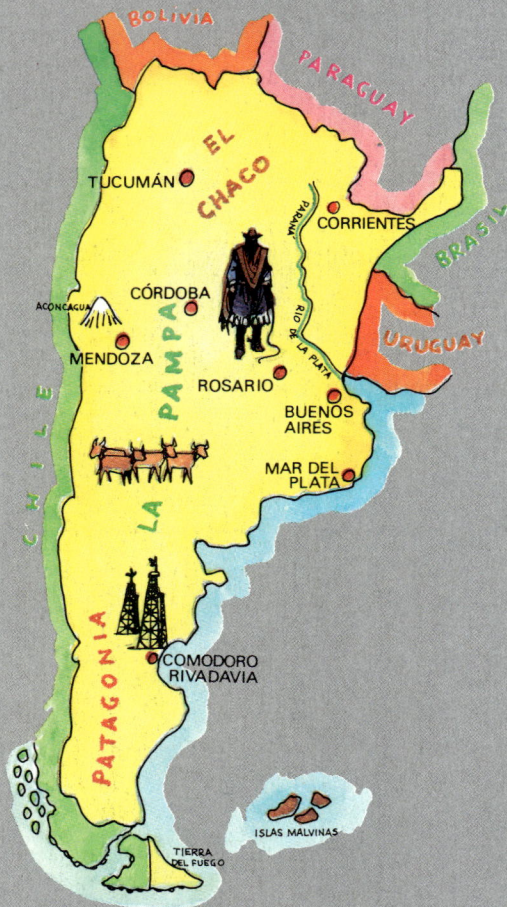

Extensión: 2.800.000 km²
Población: 30.000.000
Idioma: español

Selvas tropicales al norte, hielos polares al sur, la majestuosa cordillera de los Andes que recorre 4.000 km²· que sirve de frontera con Chile y que alcanza la mayor altura de América en el Aconcagua; la Pampa, extensa llanura que constituye una de las más ricas zonas ganaderas del mundo. He aquí el país que Solís comenzaría a descubrir en 1516, cuando navegaba por la desembocadura del río de la Plata, cuya capital, Santa María del Buen Aire, fue fundada por Pedro de Mendoza en 1536 y cuya independencia de la corona española se proclamaría en 1816 con el apoyo del Libertador, el general San Martín.

Soy gaucho y entiéndalo
Como mi lengua lo explica:
Para mí la tierra es chica.
Y pudiera ser mayor,
ni la víbora me pica
ni quema mi frente al sol.

J. Hernández

Existe un río cuyas aguas dan la inmortalidad; en alguna región habrá otro río cuyas aguas la borren.

J. L. Borges

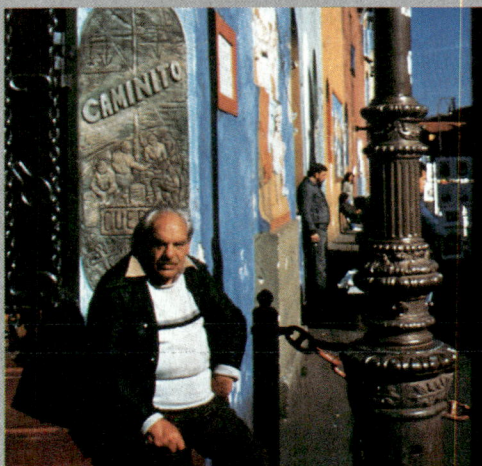

Mi Buenos Aires querido:
Cuando yo te vuelva a ver,
No habrá más penas
ni olvidos.

Tango

LECCIÓN 16

VIDA CULTURAL

- Hablar de posibilidades.
- Cambiar de opinión.
- Indicativo ≠ subjuntivo en oraciones impersonales.
- Números ordinales.

1 Escuche la conversación dos veces. La primera conteste escuetamente, en 1, lo que se pide. La segunda, en la 2, complete toda la información.

1	¿le gusta o no?
2	

1	¿se lo cree o no?
2	

- Pues, a mí   la música clásica.   creer.

1	enfadado o no
2	

- ¿Cómo? ¿Qué?   - Sí, yo te creo siempre, tonto, pero me parece que exageras un poco.

1	¿de acuerdo o no?
2	

1	a favor o en contra
2	

sólo te digo que la música clásica es

1	¿le pondrá música o no?
2	

y que eso no me gusta. - Bueno, mira   escucha- Es igual, no me va a gustar nada.

1	Pide su opinión o no
2	

¿Qué opinas ahora? ¿Te gusta?-Bueno, eso es distinto, no está mal; se puede escuchar.

1	Pregunta la época o no
2	

1	¿época, compositor, estilo?
2	

- Bueno, de acuerdo, ese trozo está bien

1	¿hay pocos así o no?
2	

- Vamos a ver qué piensas de éste

1	triste/alegre
2	

1	¿le gusta?
2	

1	¿Le da la razón?
2	

-¿Quieres volver a ponerlo?- Naturalmente, encantada.

1	¿Opinión inicial?
2	

Esto, claro que me gusta. ¿De cuándo es?   ¿Tienes algo más así de bonito?

1	tengo que estudiar/escuchar/enterarme
2	

- ¡Eso es maravilloso! ¡Qué bonito! Creo que antes de opinar

1	¿le quiere?
2	

1	¿le da la razón?
2	

2 **Dé la información a un amigo que está en un hotel de la Gran Vía.**

- Mira, para llegar al Prado puedes ir a pie hasta .... y luego continuar hasta la fuente de .... y .... está el Museo.

-¿................................... ? Sí, también hay la posibilidad de ir en metro. Puedes cogerlo en .... y sales en ...., que es la estación más ...., luego un poco .... y ya estás.

-¿................................... ? Sí, está abierto ahora. Las horas de apertura son ....

-¿................................... ? No, no está cerrado. Los días de cierre son ....

-¿................................... ? Bueno, los domingos y festivos abre ...., pero hoy ....

-¿................................... ? Pues mira, los españoles no pagan; basta con ....; los extranjeros tienen que ....

-¿................................... ? Sí, claro, en especial vamos a ver ....

-¿................................... ? No, no se puede ver toda.

-¿................................... ? A mí la pintura española me parece extraordinaria.

-¿................................... ? Mis pintores favoritos son Velázquez y Goya.

Una vez que ha contestado, vuelva al diálogo y haga las preguntas.

Busque la información en COMPRENDA LA LECTURA.

3 Lea una sola vez las informaciones y trate de contestar todas las preguntas que se hacen.

El edificio, que posee una de las colecciones de pintura más importantes del mundo, fué proyectado en el s. XVIII bajo el reinado de Carlos III. Tiene más de 5000 cuadros, de los que se expone aproximadamente la mitad; el resto está almacenado o en depósito en otros museos y edificios públicos de toda España.

En principio fue colección real reunida por los monarcas españoles, por lo que destaca sobre todo la pintura española y la de aquellos países que a lo largo de la historia tuvieron más relación con España.

CONTESTE	SÍ	NO
- ¿Se puede visitar el Museo los lunes?		
- El Palacio Real se cierra a mediodía.		
- Y el Museo del Prado también.		
- En el Museo hay restaurante.		
- La entrada es gratuita.		
- Y también en el Palacio Real.		
- El Palacio se puede visitar individualmente.		
- El metro Banco de España está cerca del Palacio.		

- ¿Cuándo se proyectó el Museo? ....

- ¿Cuántos cuadros posee? ....

- ¿Cómo comenzó la colección? ....

- ¿Cuándo cierra el Palacio Real? ....

- ¿Qué tal estuvo usted de memoria? ....

MUSEO DEL PRADO

- Situación: Paseo del Prado s/n. T. 4680950

- Metro: Banco de España, Atocha.

- Autobuses: 10,14,27,34,37,45, M-6

- Horario: 9-19; domingos y festivos: 9-14. Cerrado: lunes; 1 de enero; Viernes Santo; 1 de mayo; 25 de diciembre.

- Entrada. 400 pts; gratuito para españoles con D.N.I.

- Restaurante.

PALACIO REAL

- Situación: Plaza de Oriente, entrada por la Plaza de la Armería. T. 2487404

- Metro: Ópera, Plaza de España.

- Autobuses: 3,25,33,29, M-4

- Horario: Varía en invierno y en verano. Apertura a las 10 horas y cierre a mediodía. Cerrado días de recepción.

- Entrada: 500 pts.

- Visita en grupo: guías en castellano, inglés, francés y alemán.

4 Resuma las opiniones del ejercicio 1.

• Opinión de A sobre la música clásica

• Contestación y actuación de B

• Nueva opinión de A

• Actuación de B

• ¿Qué opina ahora A?

• ¿Qué hace B?

• ¿Cuál es la conclusión de A?

• ¿Qué responde B?

5 Escriba el posible plan de visitas.

Sólo tienen un día para ver el Palacio Real y el Museo del Prado. Haga una pequeña nota indicando por qué monumento deben comenzar, lo que les puede costar uno y otro, posibles guías, que van a ir al segundo edificio en metro, dónde van a comer, qué es lo que van a ver y a qué hora terminarán.

6 Subjuntivo en oraciones impersonales. Ponga la forma adecuada del presente de subjuntivo.

- Es natural que la gente (protestar) ....
- Es lógico que no (nosotros estar) .... de acuerdo.
- Es bueno que (hacer) .... preguntas.
- Es necesario que (tú poner) .... más atención.
- Es importante que (usted firmar) .... el documento.
- Es fundamental que (ellos venir) ....

7 Indicativo en oraciones impersonales. Ponga la forma adecuada del presente de indicativo.

- Es verdad que (ella saber) .... chino.
- Es cierto que (ellos estar) .... casados.
- Parece que (tú tener) .... sueño.

- Seguro que (hacer) .... buen tiempo.
- Es evidente que el país (progresar) ....

8 Indicativo ≠ subjuntivo. Ponga la forma adecuada del presente de indicativo o de subjuntivo.

- Es interesante que (tú aprender) .... estos usos del subjuntivo.
- Está claro que (él preferir) .... vivir solo.
- Es una lástima que vosotros no (poder) .... celebrar el cumpleaños.
- Es que (usted no saber) .... nada.
- Es natural que (hacer) .... calor en esta época del año.
- Es seguro que (ellas querer) .... hacer la carrera de arquitectura.
- Es probable que (llover) .... mañana.
- Es cierto que (él oír) .... voces extrañas.

9 Números ordinales. Lea las siguientes frases.

- La (1) vez que nos vimos fue en octubre pasado.
- Adán fue el (1) hombre y Eva la (1) mujer.
- Vivimos en el (3) piso de esta casa.
- Esta es la (3) vez que te lo digo.

- Septiembre es el (9) mes del año.
- El martes es el (2) día de la semana.
- El congreso es en la (4) semana de noviembre.
- Enrique VIII fue un famoso rey inglés.

USTED HA APRENDIDO A...

A HABLAR DE POSIBILIDADES

10 ¿Quiere usted contestar?:

CONTESTE

- ¿Se puede visitar el lunes el Museo?

- ¿Es posible visitar el Palacio Real individualmente?

- ¿Se puede llamar por teléfono al Palacio Real?

- ¿Podríamos ir a pie al Museo del Prado?

- ¿Es posible tener un guía en italiano?

- ¿Podemos ver el Museo a la hora de comer?

- ¿Hay la posibilidad de ir en metro?

- ¿Podríamos ver el Palacio un día de recepción?

B CAMBIAR DE OPINIÓN

11 Recuerde el ejercicio 1 y numere estas frases según fue cambiando de opinión.

CONTESTE

a. ¡Eso es maravilloso! ¡Qué bonito!

b. Eso es distinto/ No está mal/ Se puede escuchar/ De acuerdo/
Está bien/ Seguro que no hay muchos así.

c. Voy a tener que cambiar de opinión.
Me parece que vas a tener razón/ Claro que me gusta.

d. Es igual, no me va a gustar.
No me gusta nada/ aburrimiento/ pesado.

GRANDES ANTILLAS

Extensión: 179.458 km²
Población: 22.769.313
Idioma: español

Comprende Cuba, Puerto Rico, Jamaica y la República Dominicana. Islas de clima cálido y bellos paisajes, son las principales productoras de caña de azúcar del mundo. Constituyen las primeras tierras americanas que descubrió Colón en 1492 y las últimas que se independizaron.

Según ello, la comunidad en el idioma habrá de crearnos un destino particular en el planeta, ajeno a las leyes económicas que rigen el mundo moderno.

A. Carpentier, **La crítica de la novela**

Estamos juntos, desde muy lejos, jóvenes, viejos, negros y blancos, todo mezclado.

Nicolás Guillén, **Son. nº 6**

ENTRETENIMIENTOS Y DIVERSIONES

- Expresar conocimiento y desconocimiento.
- Hacer invitaciones y responder a las mismas.
- Uso de preposiciones.
- VOLVER A + Infinitivo.
- Posesivos.

¿LO ENTIENDE?

1 Compruebe las variaciones del texto con el diálogo que escuche.

Retransmisiones deportivas

Viernes 7.   Tres de la tarde   Tenis Copa Davis   Retransmisión en diferido de la primera ronda de la Copa Davis de tenis entre los equipos de Yugoslavia y España. Hoy comienza el partido de dobles a las 15 horas.   El domingo a partir de las 17 se disputan los encuentros individuales y el lunes a partir de las 14   continuan los dobles.   Todos los partidos serán retransmitidos en directo   por TV3 desde Barcelona.

2 ¿Saben o no saben?

	A		B	
	SÍ	NO	SÍ	NO
1. ¿La retransmisión es en diferido?				
2. ¿Saben de qué equipo se trata?				
3. ¿Hay deporte, o no?				
4. Lo han dicho en televisión.				
5. Hay algo en el periódico.				
6. Son partidos individuales.				

3 Observe algunas formas de hacer invitaciones, de aceptarlas y de rechazarlas.

ACEPTA		RECHAZA
• Vale, de acuerdo.	• ¿Bailas?	• No, gracias.
• Con mucho gusto.	• ¿Bailamos?	• No, ahora no gracias.
• ¡Claro! ¡Venga!	• ¿Vienes?	• No, no puedo.
• ¡Qué bien!	• ¿Vienes a bailar?	• Muchas gracias, pero ahora estoy cansada.
• ¡Buena idea!	• ¿Quieres bailar?	• Más tarde.
• ¡Encantada!	• Venga, vamos a bailar.	

Recuerde también preguntas y respuestas sobre gustos.

• Sí, mucho.	• ¿Te gusta bailar?	• Un poco.
• Muchísimo.		• No mucho.
• Desde luego.		• Nada, no me gusta nada.
• Me encanta.		

Ahora dé respuestas o comentarios adecuados.

1. ¿Bailas? ....

2. ¿Te gusta esta música? ....

3. ¿Bailamos ahora? ....

4. ¿Te gusta este ritmo? ....

5. Un baile sólo, ¡venga! ....

4 Conteste a estas preguntas.

ACEPTE	DISCÚLPESE

1. ¿Quieres ir al cine?

2. ¿Vemos la televisión?

3. ¿Te gustaría tomar algo?

4. ¿Vienes a bailar?

5. ¿Te gustaría ir al teatro?

6. ¿Salimos a dar un paseo?

5 Complete los párrafos.

TELEVISIÓN PÚBLICA

• En la actualidad existen dos canales de televisión (TV1, TV2) que ....
....

CATALUÑA

• TV2 emite la mayor parte de su programación en catalán y ....
....

GALICIA

• TVG tiene...

PAÍS VASCO

• ETB -1 emite exclusivamente en euskera...
.... en euskera y en castellano.

OTROS CANALES AUTONÓMICOS

• Andalucia (Canal Sur), Madrid y Valencia..

TELEVISIÓN PRIVADA

• Existen..que tienen un alcance nacional.

TELEVISÓN POR SATÉLITE

• A la televisión pública y a la privada hay que añadir..
....Se reciben especialmente en inglés, francés, alemán e

italiano y, desde el otro lado del Atlántico, llegan también en castellano................................
....

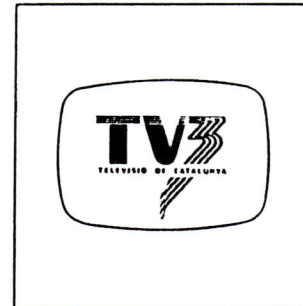

EUSKAL TELEBISTA

6 Escriba las expresiones de negación o afirmación del ejercicio 2.

- -	Negación enfática.
-	Negación.
~·	Negación con dudas.
+	Afirmación.
+ +	Afirmación enfática.

7 Escriba un resumen de los aspectos siguientes de la televisión pública y privada española.

• Alcance estatal.

• Distribución territorial.

• Lenguas en las que se emite.

8   Uso de preposiciones. POR y PARA. Use la partícula adecuada.

- Venga usted .... aquí.

- Esta carta no es .... mí.

- Estaba paseando .... el parque.

- He pagado tres millones .... el coche.

- .... ahora no hay ninguna novedad.

- No me habías visto; .... eso te llamé.

- .... sacar buenas notas es necesario estudiar mucho.

- Le di las gracias .... el favor que me hizo.

- ¿ .... qué sirve esto?

- ¿ .... qué habéis llegado tarde?

9   Uso de preposiciones. DE y POR. Use la partícula adecuada.

- Son las once .... la mañana.

- Siempre viene .... las tardes.

- Ayer me acosté a las diez .... la noche.

- A mitad .... la noche me despertó un ruido muy grande.

- .... las noches hace bastante frío.

- Mañana .... la mañana tengo varias cosas que hacer.

- El accidente ocurrió ayer .... la noche.

10   VOLVER A ≠ infinitivo. Sustituya según el ejemplo.

    Ejemplo: Ha llamado otra vez = Ha vuelto a llamar.

         Llamó de nuevo ≠ Volvió a llamar.

- Ha llovido de nuevo ....

- No vengas otra vez ....

- No diga eso otra vez ....

- Escribe la carta de nuevo ....

- ¿Has ido a Londres de nuevo? ....

- Han tenido noticias de sus hijos otra vez ......

11   Posesivos. Sustituya como en el ejemplo.

    Ejemplo: Estos son **mis** libros = estos libros son **míos**.

- Ésta es mi casa ....

- Aquél es su plato ....

- Éstas son tus gafas ....

- Ésas son vuestras camisas ....

- Éstas son sus ropas ....

- Ése es nuestro garaje ....

USTED HA APRENDIDO A...

A HABLAR SOBRE CONOCIMIENTO E IGNORANCIA

12

	CONTESTE	
• ¿Sabes si han dado la noticia en TV?	-	∽
• ¿Has oído a qué hora es el partido?	+	
• ¿Qué sabes de esta película?	-	
• ¿Hay algo interesante en teatro?	∽	+
• ¿Lo han dicho en el telediario?	-	∽
• ¿Has leído esta novela?	∽	+
• ¿Lo dicen en el periódico?		
• ¿Qué han dicho del tiempo?	-	∽

B HACER INVITACIONES Y RESPONDER A LAS MISMAS

13

• ¿Quieres ir al cine?	• Encantado/ a/ No, no puedo, gracias.
• ¿Vemos la TV?	• Vale, de acuerdo/ No, ahora no, gracias.
• ¿Te gustaría tomar algo?	• Con mucho gusto/ No, gracias.
• ¿Vamos a bailar?	• ¡Buena idea! / Muchas gracias, pero ahora estoy cansada.
• ¿Te gustaría ir al teatro?	• Sí, muy bien/ No, no puedo, gracias.
• ¿Salimos a dar un paseo?	• ¡Claro! ¡Venga!/ Más tarde.

MÉXICO

Extensión: 1.972.547 km²
Población: 79.315.000
Idioma: español

México se caracteriza por la forma de cuerno de su territorio. Su sistema montañoso más conocido es la Sierra Madre, que, junto con la llanura costera del Golfo de México, proporciona una diversidad climática. Este territorio fue conquistado por Hernán Cortés en 1517 y se independizó en 1810. Se trata de uno de los países más ricos del continente americano gracias a sus yacimientos mineros y petrolíferos.

Gracias a las Fiestas, el mexicano se abre, participa, comulga con sus semejantes y con los valores que dan sentido a su existencia religiosa o política.

O. Paz, **Laberinto de la soledad**

México lindo y querido: si muero lejos de ti, que digan que estoy dormido...

Ranchera popular

LA PRENSA

- Describir secuencias de actividades.

- Pronombres personales objeto.
- VOZ PASIVA.
- SE impersonal.
- SE pasivo.

¿LO ENTIENDE?

1 Escuche el diálogo y señale las informaciones correctas.

1. **Lee el periódico**

   de vez en cuando ☐
   casi nunca ☐
   todos los días ☐
   casi todos los días ☐
   al menos lo mira por encima ☐

2. **Cuando no lo lee, es porque**

   prefiere ver la televisión ☐
   no lo compran en casa ☐
   no le gustan las noticias ☐
   no tiene tiempo ☐

3. **Lo primero que lee es**

   la sección de Gente ☐
   la primera página ☐
   el pie de la foto de la portada ☐

4. **Luego lee**

   las noticias internacionales ☐
   la primera página ☐
   la noticia importante al lado de la foto ☐

5. **Después lee**

   los deportes ☐
   los espectáculos ☐
   la sección internacional ☐

6. **¿Lee algo más?**

   secciones especiales ☐
   economía ☐
   trabajo ☐
   anuncios ☐
   deporte ☐
   cultura ☐

7. **¿Y las secciones especiales?**

   libros ☐
   temas de nuestra época ☐
   educación ☐
   futuro ☐

8. **¿Qué opinión tiene sobre el periódico que lee?**

   poca información ☐
   demasiada información ☐
   estoy de acuerdo con todo ☐
   hay artículos discutibles ☐

9. **¿Por qué lo lee entonces?**

   porque lo compran en casa ☐
   eso les pasa a todos ☐
   me parece el mejor ☐

146

2 Haga las preguntas adecuadas a las respuestas de la entrevista siguiente.

1. ¿........................? - No, todos los días no.

2. ¿........................? - Porque no tengo tiempo.

3. ¿........................? - La primera página.

4. ¿........................? - Las páginas internacionales.

5. ¿........................? - No, según el tema.

6. ¿........................? - Los referentes a la construcción europea y a la deuda externa.

7. ¿........................? - Considero que es el principal problema internacional a largo plazo.

8. ¿........................? - Sí, también leo los editoriales. Bueno, y también los chistes.

9. ¿........................? - Sí, también la sección de GENTE. Sí, la leo por la intrascendencia.

10. ¿........................? - Es excesiva la cantidad de noticias por día.

11. ¿........................? - Es que eso les ocurre a todos; es general en todos los periódicos.

3 Escuche atentamente la grabación y dé todos los datos posibles de la persona entrevistada. Primero puede ayudarse de las indicaciones; la segunda vez utilice sólo su memoria.

INDICACIONES
• Hoy no leyó todavía el periódico.
• Comienza a leer el periódico por el final.
• No lee los deportes. Ya no hace el crucigrama.
• Lee los titulares de las noticias internacionales.
• Trabaja en un banco. Le gustan las cuestiones laborales.
• También le interesan los libros, los espectáculos y la educación.

4 Lea el siguiente párrafo:

De acuerdo con la opinión de su director, este periódico se dirige principalmente a un público de clase media-alta, media, profesionales, intelectuales, dirigentes obreros, estudiantes, mujeres y gente joven. Pretende ofrecer una información neutral y objetiva y presentar toda la gama de la opinión pública. Defiende como objetivos básicos la existencia de un gobierno democrático, la libertad de expresión y la plena integración de España en la Comunidad Económica Europea.

AHORA CONTESTE

• Público de este periódico..

• Tipo de información...

• Objetivos básicos..

Vuelva a leer el texto para comprobar lo que recordó.

5 Lea el siguiente párrafo:

Las primeras páginas del periódico se dedican a noticias generales, viene después la sección "Tribuna", en la que aparecen editoriales, ensayos de colaboradores y cartas al director. A continuación figura la sección política con apartados que se titulan: España, Internacional, Cultura, Barcelona, Cataluña, Religión, Economía, Sucesos locales, Deportes, Mercados del automóvil, Noticias breves, Diversiones, Tiempo y Últimas noticias.

AHORA CONTESTE

• ¿Dónde se edita este periódico?..

• ¿De qué consta la sección "Tribuna"?...

• ¿Trata algo de los coches?...

PRACTIQUE LA ESCRITURA

6 **Escriba las secciones del periódico que lee la lectora del ejercicio 3. ¿Cuáles le interesan más, cuáles menos?**

Dé las razones.

7 **Escriba la opinión que tienen sobre el periódico que leen: (Repase los ejercicios 1 y 2.)**

LECTOR 1

....

....

¿Por qué lo lee?..

....

LECTOR 2

....

....

¿Por qué lo lee?..

....

8 Posición de los pronombres objeto. Cambie la posición de los pronombres subrayados, siguiendo el ejemplo.

Ejemplo: **Se lo** voy a decir ≠ Voy a decír**selo**.

• ¿**Me lo** puede enseñar, por favor?.................................

• **Te lo** estoy contando..

• **Te la** quieren vender ....

• No **se las** puede comprar ....

• **Nos lo** tiene que dar..

9 Posición de los pronombres personales objeto. Ponga las formas entre paréntesis detrás de la forma verbal, como en el ejemplo.

Ejemplo: (lo, me) Dí = ¡Dímelo!

• (Los, te) Compra = ¡..!

• (Lo, me) Baja = ¡...!

• (Se, lo) Da = ¡..!

• (Lo, te) Estudia = ¡..!

• (La, se) Repita = ¡...!

10 Ponga las frases del ejercicio anterior en forma negativa.

Ejemplo: Dímelo ≠ No me lo digas.

11 Voz pasiva. Transforme según el ejemplo.

Ejemplo: un niño **abrió** la puerta = la puerta **fue abierta por** un niño.

• Alemania perdió la guerra =........................

• Cervantes escribió El Quijote =.......................

• El Congreso aprobó la ley = ...

• Las autoridades prohibieron la manifestación=...............

• Un helicóptero recogió a los heridos = ...

....

12 SE impersonal. Transforme según el ejemplo.

Ejemplo: **La gente critica** mucho = **Se critica** mucho.

• En este pueblo **saben** todo =....................

• No **permiten** entrar perros = ...

• Aquí **pueden** cantar y bailar = ...

• **Prohíben** fumar = ...

• En este restaurante **la gente come** muy bien = ...

• En esta tienda hablan portugués e italiano =..............

13 Voz pasiva con SE .Transforme según el ejemplo.

Ejemplo: **Construyeron** la casa en dos meses = La casa **se construyó** en dos meses.

• Pintaron las habitaciones de blanco =...................

• Soluciona los problemas rápidamente = ...

• Cerraron las escuelas por la nieve caída =................

• Estrenaron la obra la semana pasada = ...

• Riegan las calles todos los días = ...

USTED HA APRENDIDO A...

A DESCRIBIR SECUENCIAS DE ACTIVIDADES

14

- ¿Lee usted el periódico todos los días?

- Y si no lo lee, ¿por qué?

- ¿Qué es lo primero que lee?

- ¿Y luego?

- ¿Lee todo el periódico?

- ¿Qué temas le interesan más?

- ¿Y después?

- ¿Por qué lo lee?

- ¿Hay algo que no lea?

- ¿Qué opinión tiene de su periódico?

CONTESTE

Trate ahora de explicar todo lo anterior sin la ayuda de las preguntas.

PARAGUAY

Extensión: 406.752 Km^2
Población: 3.897.000
Idioma: español

BOLIVIA

BRASIL

ARGENTINA

Madera

Paraguay

Río Verde

Aceites

Río

Concepción

Asunción

Río Paraná

El río Paraguay divide el país en dos regiones naturales, una montañosa, de poca elevación; y otra llana apta para cultivos. La economía es básicamente agrícola y muy poco desarrollada. La expedición de Juan Díaz Solís que descubrió el río de la Plata (1516) penetró por primera vez en este territorio. Se independizó en 1811.

EL TIEMPO

• Hablar del futuro.

• LO + adjetivo.
• Numerales.
• Futuro.

¿LO ENTIENDE?

1 Escuche y complete los datos.

	Situación	Altura	Clima	Temperaturas medias	Nº de días sin nubes	Otros datos
MADRID						

	Situación	Temperaturas medias	Lluvias	Dias cubiertos	Dias despejados	Otros datos
MÁLAGA						

	Situación	Altura	Distancia del mar	Clima	PRECIPITACIONES		Otros datos
					Máximas	Mínimas	
SANTIAGO DE COMPOSTELA							

2 ¿Qué tiempo hará mañana? Coloque los signos en el mapa según la información meteorológica que escuche.

154

3 Teniendo en cuenta el mapa y la grabación de la página anterior, conteste a las preguntas siguientes:

• ¿Cómo será el tiempo en los países escandinavos?.............................

• ¿En qué lugares de Europa nevará?...

• ¿Qué tiempo hará en la Península Ibérica?...................................

• ¿Cómo estarán los cielos en las Islas Británicas?.........................

SE DICE
• **ESTARÁ**
• despejado
• nuboso
• cubierto
• **HABRÁ**
• niebla
• nubes
• chubascos
• lluvia
• tormenta
• nieve
• heladas
• viento
• mar gruesa
• fuerte marejada

4 Mire este mapa y conteste a las siguientes preguntas:

| Soleado | Nublado | Cubierto | Lluvia | Chubascos | Llovizna | Tormenta | Heladas | Niebla | Nieve | Viento | Marejada |

• ¿Qué tiempo hará en Galicia?...

• ¿En qué regiones del norte hará sol?...

• ¿Dónde estará cubierto el cielo?..

• ¿En qué parte de Extremadura lloverá?......................................

• ¿Dónde habrá chubascos?..

• ¿Cómo será el tiempo en las Islas Baleares?................................

• ¿Y en las Canarias?..

155

5 Numere, por orden, las distintas partes de la noticia.

a En el resto de España la nubosidad será generalmente poco importante, aunque con algunas nieblas o neblinas matinales por puntos de la vertiente atlántica y costas de Murcia y Andalucía.

c Cielo nuboso con chubascos en Galicia, Asturias, Cataluña, Baleares y, a veces con origen tormentoso por puntos de las cuencas del Duero y Ebro, zona centro, Valencia y Canarias.

b El anticiclón empieza a afectar a la mayor parte de las regiones españolas,

d si bien todavía los frentes de precipitación siguen rozando nuestras más septentrionales regiones peninsulares y las Baleares.

6 ¿Qué tiempo hará en Andalucía? Marque la previsión correcta con X.

Tenemos una borrasca sobre Argelia y Marruecos, con bajas presiones sobre la mitad sur peninsular y Canarias.

Las temperaturas seguirán altas con ligero ascenso, cielos poco nubosos o despejados.

Cielo muy nuboso, con tormentas que serán muy irregulares. Los vientos serán del Este, fuertes en el Estrecho, con temporal en la mar.

Cielos despejados o poco nubosos, vientos flojos y nieblas matinales.

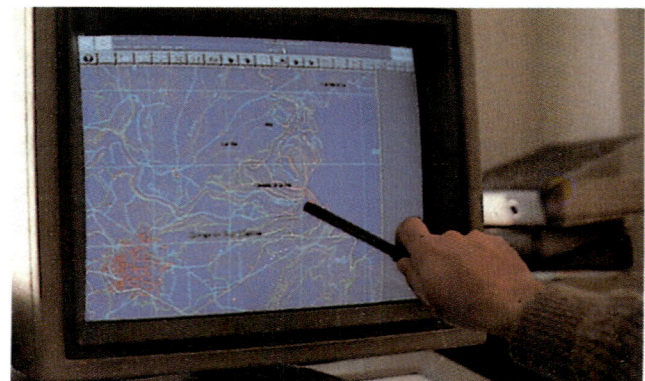

7 Escriba el tiempo que hará (Consulte el ejercicio 2).

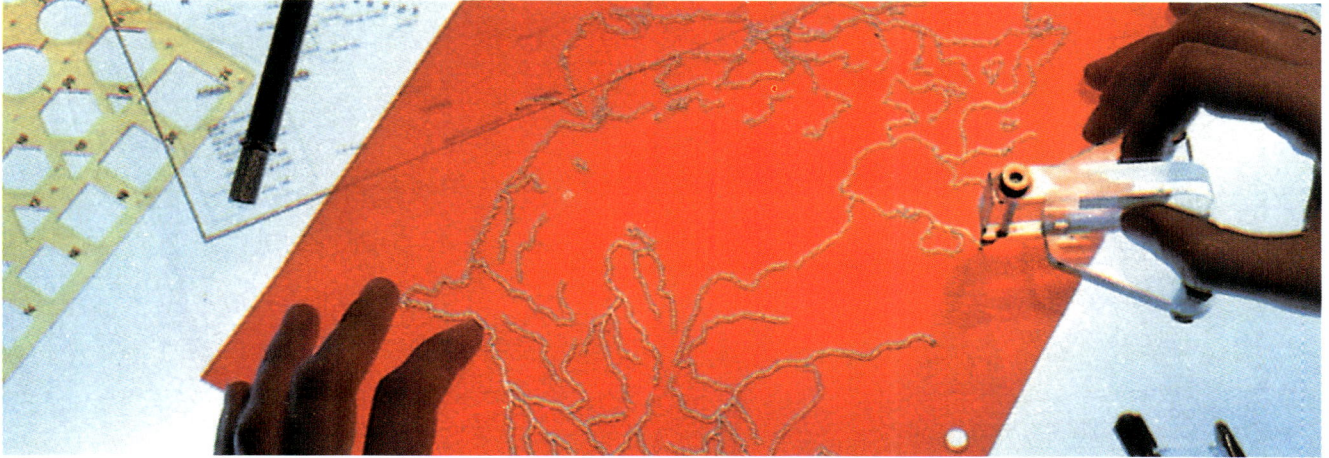

• ¿Cómo será el tiempo en el sur de las Islas Británicas? ....

• ¿Qué ocurrirá en el Cantábrico? ....

• ¿Y en los Pirineos y los Alpes? ....

• ¿Y en Yugoslavia? ....

• ¿Y en Canarias? ....

8 Escriba la previsión.

Borrasca en el Mediterráneo y bajas presiones en el sur peninsular.

• El cielo ....

....

• Las tormentas ....

....

• Los vientos ....

....

• En la mar ....

....

EJERCICIOS GRAMATICALES

9 **LO ≠ adjetivo. Transforme y termine las frases con infinitivos, como en el ejemplo.**

Ejemplo: Es bueno saber escuchar = **Lo bueno** es saber escuchar.

- Es lógico.................... = ...
- Es peor.................... = ...
- Es importante .... = ...
- Es natural .... = ...
- Es mejor .... = ...
- Es fundamental .... = ...

10 **Lectura de numerales. Lea las siguientes operaciones, cantidades, etc.**

- 4x4= 16
- 6:3=2
- 10-4=6
- 21+20=41
- Esta lata tiene 1/4 de litro de capacidad.
- La carne pesaba 3/4 de kilo.
- Conducía a 120 kilómetros por hora.
- Ahora estamos a -3° C de temperatura.
- La fecha de hoy es: 7-9-92

11 **Futuro. Conteste a las siguientes preguntas con el mismo tiempo futuro.**

- ¿Cuándo saldrá al mercado el nuevo modelo? ....
- ¿Dónde estaréis la semana que viene? ....
- ¿Cuándo hará usted esa excursión? ....
- ¿Cuándo terminarán la nueva carretera? ....
- ¿Cómo será tu próxima novela? ....
- ¿Os llevaréis a los niños con vosotros? ....
- ¿Cuánto dinero ganará con su nuevo disco? ....

12 **Expresión del futuro. Transforme como en el ejemplo.**

Ejemplo: Mañana voy a estar de viaje = Mañana **estaré** de viaje

- El año que viene voy a terminar la carrera ....
- En el año 2.000 va a haber una revolución tecnológica ....
- Vamos a salir temprano....................
- Van a divertirse mucho ....
- No voy a poder quedarme ....
- El próximo curso voy a estudiar en Barcelona ....

13 **Futuro de probabilidad. Transforme como en el ejemplo.**

Ejemplo: Seguramente / probablemente tiene 20 años = **Tendrá** 20 años.

- Seguramente es francés ....
- Probablemente está enfermo ....
- Seguramente no quiere venir a la fiesta ....
- Probablemente pagan bien en esa empresa ....
- Seguramente llega la semana que viene ....
- Probablemente está usted casado ....

USTED HA APRENDIDO A...

A HABLAR DEL FUTURO

14 ¿Qué tiempo hará mañana?

Mañana lloverá:

B CONTESTAR A PREGUNTAS COMO:

15

- ¿Dónde habrá nubes? ....

- ¿Dónde nevará? ....

- ¿Cómo será el tiempo en .... ? ....

- ¿Cómo estará el cielo en .... ? ....

- ¿En qué región habrá viento? ....

PERÚ

Extensión: 1.285.215 km²
Población: 20.727.100
Idioma: español

COLOMBIA

ECUADOR

Río Amazonas

AMAZONAS

Río Ucayalú

Algodón

LIMA

Cuzco

Lago
Titicaca

BRASIL

BOLIVIA

PACÍFICO

CHILE

Situado en la parte central del continente, a ambos lados de los Andes, Perú fue sede de las más antiguas y ricas culturas precolombinas. Cuando llegaron los españoles en 1524, al mando de Francisco Pizarro, el imperio inca dominaba todo el territorio. Se independizó en 1821. La capital del Estado peruano, Lima, está situada junto al océano Pacífico.

La novela deja de ser Latinoamericana, se libera de esa servidumbre. Ya no sirve a la realidad; ahora se sirve de la realidad.

Mario Vargas Llosa

Me gustaría vivir siempre, así fuese de barriga.

César Vallejo

TURISMO Y VACACIONES

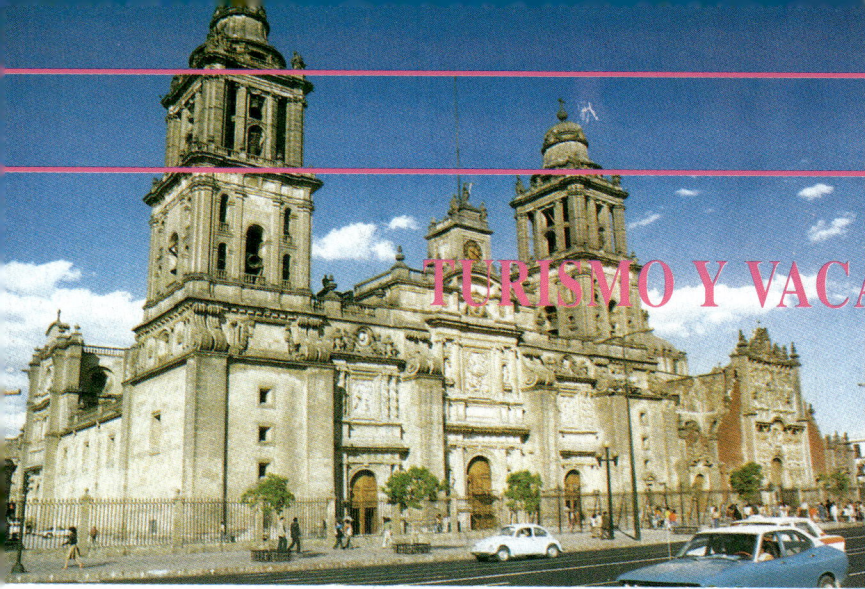

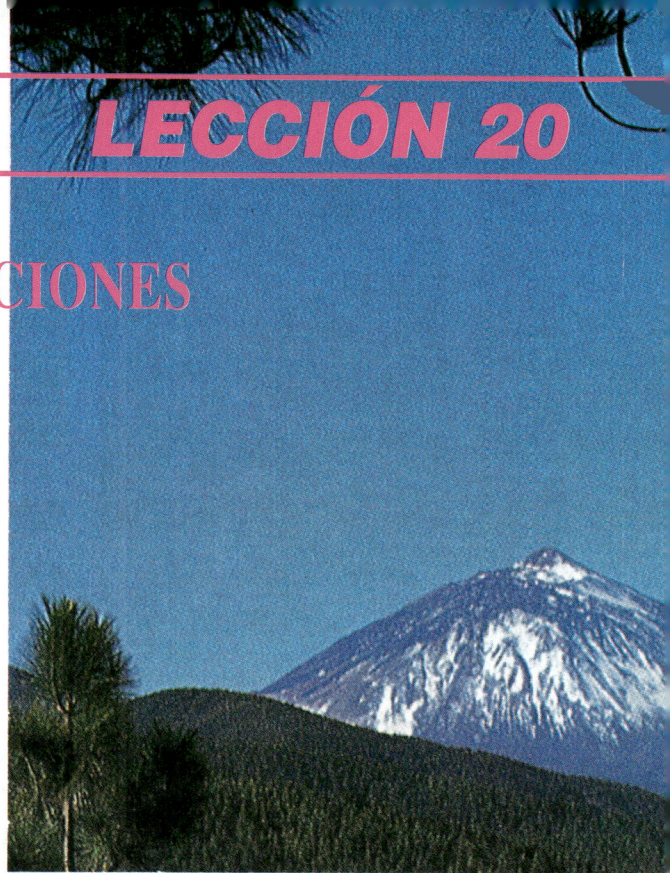

- Expresar intenciones.
- Expresar condiciones.

- SI condicional.
- AL + infinitivo.
- Uso de preposiciones.

1 Escuche la primera parte del diálogo y vaya señalando aquí las frases equivalentes (a veces hay más de una).

1. ¿Cuándo te tomarás las vacaciones? ▪

¿Cuándo te tomas las vacaciones? ▪

¿Cuándo te has tomado las vacaciones? ▪

2. No estoy seguro todavía ¿Quieres ayudarme? ▪

No sé aún. Podrías ayudarme. ▪

3. Propongo que nos vayamos a la playa. ▪

Hay que pensar en algo distinto. ▪

4. En la playa se está bien aunque haya gente. ▪

Hay demasiado sol y demasiada gente. ▪

5. Nosotros vemos el sol casi siempre. ▪

Tampoco vemos mucho el sol el resto del año. ▪

2 Escuche la segunda parte del diálogo y elija la contestación adecuada.

1. Propone ir al

▪ norte

▪ sur

▪ este

▪ oeste

2. Sugiere ir

al interior de Galicia ▪

a la costa ▪

en bicicleta por Asturias. ▪

a cablagar por Asturias. ▪

a andar por las montañas en Cantabria. ▪

a recorrer el Pais Vasco. ▪

3. La idea extraordinaria consiste en

descansar ▪

moverse ▪

4. ¿En qué consiste la idea? ....

5. Lo van a hacer

a pie ▪

en autobús ▪

en bicicleta ▪

en tren ▪

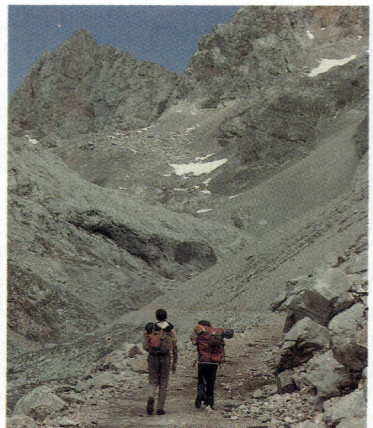

3 Lea el párrafo siguiente y haga las preguntas sobre las frases que se destacan.

Parece que M. se va a **tomar las vacaciones** en el mes de Agosto. No tiene claro todavía lo que va a hacer y **pide ayuda** a A. Éste indica que es mejor pensarlo juntos y sugiere que deben pensar en algún tipo de **vacaciones especiales,** no en las que suele hacer casi todo el mundo durante el verano. M. está de acuerdo y propone **ir al norte.** Piensan en las **rías gallegas,** en **recorrer Asturias,** andar por Cantabria o **descansar en Euskadi.**

4 Complete el diálogo siguiente:

- .... sobre el Camino de Santiago, por favor.

- ¿..................................... que hay que recorrer?

- ¿.....................................?

- ¿.....................................?

- ¿Cuánto .... que podría llevar?

- ¿.....................................?

- ¿..................................... con lista de hoteles y planos de ciudades?

- ¿Qué información necesita?

- La distancia dè Roncesvalles a Santiago es de unos 700 kilómetros. Sí, claro que se puede. Todos los años hay muchas personas que lo hacen a pie.

- Muy difícil, muy difícil, no, pero depende de la forma física y del tiempo de que dispongan.

- Supongo que entre 20 y 30 días.

- Con mucho gusto, aquí tiene un mapa de España.

- Hay muchas y buenas guías de España. Le sugiero que mire en una librería.

FÍJESE	
• Quería información	• ¿Opina usted que.........?
• Necesito información	• ¿Se puede hacer.........?
• ¿Puede darme información?	• ¿Es posible hacerlo.........?
• ¿Podría darme información?	• ¿Me puede recomendar..........?
• ¿Puede decirme..........?	• ¿Podría recordármelo.........?
• ¿Cree usted que.........?	

5 Coloque las palabras en el lugar adecuado.

Algo grande

ISLAS CANARIAS

Si sueñas a lo .... con un verano .... con ....recuerdos y temperatura ...., ven a las Islas Canarias. .... que encuentras algo grande: el mar, la playa, el sol, y la aventura,............ hoteles, planes ...., todo a lo grande. Para un verano como el que sueñas.............. Canarias te espera.

| grandes |
| divertidos |
| bello |
| inolvidable |
| grande |
| seguro |
| ideal |

Estas vacaciones .... algo........................ los atractivos del Norte. De la España verde y el Camino de Santiago. En ningún otro lugar de España .... posible ....tanta variedad de paisajes. De monumentos con tanta carga histórica. Y, desde luego, en pocos lugares .... gozar como aquí del buen comer: mariscos, pescados, fabes, cocidos, verduras, quesos... Y vinos.

.... a disfrutar del carácter hospitalario de su gente. De su más de un millón de hectáreas de espacios naturales protegidos. De sus modernos campos de golf e instalaciones náuticas.

ven	es
descubre	descubrir
apunta	encontrar
vendrán	

El ....que habla ....
Si piensa ir de ....al .... ahora es el momento de preparar su dinero. En la Caja de Madrid disponemos de la más amplia gama de .... de Viaje en Divisas que existe en el mercado: .... esterlinas, ... U.S.A,................ alemanes,................ portugueses, etc…pagaderos y negociables en todo el ....

extranjero	idiomas	escudos
momento	vacaciones	marcos
mundo	cheques	dólares
dinero		libras

6 Escriba los planes de vacaciones del ejercicio 1.

7 Escriba lo que van a hacer.

Vamos a recorrer el Camino de Santiago ……

LO QUE PIENSAN HACER

- Si es a pie, 30 km al día
  - en bicicleta, 80 km.
  - en autobús, 7 días.
  - en tren, 8 días.

- DORMIR: Camping/hoteles.

- COMER: Aire libre, restaurantes.

- VER: Arte románico, paisajes naturales.

- HABLAR: Gente de pueblo y ciudades.

8 **SI condicional. Dé la forma correcta del presente de indicativo.**

- Si (yo tener) .... tiempo, iré a la conferencia.

- Si (tu coger) .... el autobús, llegarás enseguida.

- Si (ellos ganar) .... el primer premio, se comprarán una casa.

- Si (usted hablar)....................................con ella, la convencerá.

- Si (vosotros aparcar)......................aquí os pondrán una multa.

- Si (tú seguir).....................trabajando así, terminarás enfermo.

9 **SI condicional . Dé la forma correcta del futuro.**

- Si vienes mañana, te (yo preparar)..............................una buena comida.

- Si perdéis el ticket, (vosotros pagar)....................................una multa.

- Si lee usted este libro, le (usted gustar)...

- Si vemos al portero, le (nosotros preguntar).......................en qué piso vive.

- Si no viene a la hora en punto, sólo la (yo esperar).......................5 minutos más.

- Si pierdo el último metro, no (yo poder) ....llegar a casa.

10 **SI condicional. Termine las frases poniendo el primer verbo en presente y el segundo en futuro.**

- Si (entrar) ...., (ver)..........................

- Si (correr)............................, (llegar).........................

- Si (comprar)........................., (poder) ....

- Si (hacer)..................................., (ser)........................

- Si (salir).........................., (tener que)...........................

11 **AL - infinitivo. Transforme las frases como en el ejemplo**

Ejemplo:Cuando entré, vi a Antonio = **Al entrar** vi a Antonio.

- Cuando me miró, se puso roja = ...

- Cuando salimos siempre nos ponemos el abrigo = ...

- Cuando la saludé, le besé la mano = ...

- Cuando dijeron eso, todos nos levantamos y nos fuimos = ...

12 **Uso de preposiciones. Ponga la preposición más adecuada.**

- Nosotros somos........................Córdoba.

- Todavía no he hablado.......................ella.

- No puedo vivir...ti.

- Estoy esperándote.........las ocho de la tarde. ¿Qué te ha pasado?

- La cama estaba......................el armario y la mesa.

- Papá, ven..tren.

- Mira...tu derecha.

- ....aquí se ve muy bien el paisaje.

USTED HA APRENDIDO A...

A EXPRESAR INTENCIONES

13

	¿Y USTED?

• Me voy a tomar las vacaciones en agosto.

....

• No pienso ir a la playa.

....

• Tengo intención de ir al norte.

....

• Nos vamos a ir a las rías gallegas.

....

	¿QUÉ VA A HACER USTED?

• Este fin de semana voy a irme a la montaña.

....

• En navidades voy a quedarme en casa con la familia.

....

• En Semana Santa pienso ir a Canarias.

....

B EXPRESAR CONDICIONES

14

	COMPLETE

• Si sueñas con un verano inolvidable,

....

• Si piensas ir de vacaciones al extranjero,

....

• Si quiere comer bien,

....

• Si hace mucho calor en la playa,

....

• Si en algún momento nos cansamos,

URUGUAY

Extensión: 175.016 km²
Población: 3.058.000
Idioma: español

B R A S I L

Río Uruguay

A R G E N T I N A

Lago Río Negro

San José ●

Montevideo ●   Maldonado ●

A T L Á N T I C O

Su capital, Montevideo, acapara casi toda la población del país. Su suelo suavemente ondulado hace que su climatología sea templada y constante. País ganadero por excelencia, el 85% de su territorio está dedicado al pastoreo. Descubierto por Juan Díaz Solís en 1516, consiguió su independencia en 1808.

Hablo de los sanmarianos; tal vez los viajeros hayan comprobado que la fraternidad humana es, en las coincidencias miserables, una verdad asombrosa y excepcional.

Juan C. Onetti

Todo, todo exactamente como siempre, el sol de fuego, el aire vibrante y solitario, los bananos inmóviles, el alambrado de postes muy gruesos y algo que pronto tendrá que cambiar.

Horacio Quiroga

LECCIÓN 1.

Ej. 1.
- Se llama Alberto Gutiérrez Manso.
- Su nombre es Alberto.
- Sus apellidos son Gutiérrez Manso.
- Es español.
- De Zaragoza.
- Vive en Barcelona.
- En la calle Gabriel Miró, 22.
- En el primer piso/en el piso primero.
- Es nueve, cuarenta y cinco, cuarenta y uno, diez.

Ej. 2.
- Treinta y cinco años.
- Veintiocho de abril de mil novecientos cincuenta y cinco.
- Es/está casado.
- Tiene dos hijos.
- El niño tiene seis años y la niña, cuatro.
- Es profesor de matemáticas.
- Trabaja en un Instituto de Bachillerato de Barcelona.
- Habla un poco de francés y de inglés.

Ej. 3.
- Gracias - De nada.
- Hoy es mi santo/cumpleaños - Muchas felicidades
- ¿Comemos juntos? - De acuerdo
- Este es Juan - Encantado/a
- ¿Se puede (entrar)? - Adelante/Sí, entre
- ¡Adiós! - Hasta luego
- ¿Cómo está usted? - Muy bien, gracias.
- ¿Tiene fuego, por favor? - Lo siento. No fumo.

Ej. 4.
- Quiere excusarse: - Se dice "perdón" o "lo siento".
- Quiere despedirse: - Se dice "adiós" / "hasta luego" o "hasta mañana".
- Quiere saludar a alguien por la mañana: - Se dice "buenos días".
- Quiere saber el nombre de alguien: - Se dice "¿Cómo se llama usted?" o "¿Cómo te llamas?".
- Quiere pedir ayuda o permiso: - Se dice "por favor".
- Quiere saludar a un/a amigo/a: - Se dice "¿qué tal?", "¿qué hay?" o "¿cómo estás/está usted?".

Ej. 5.
- Hola. ¿Qué tal?
- ¿Qué hay? ¿Cómo estás?
- Muy bien. ¿Cómo te va en el trabajo?
- ¡Estupendamente! Estoy muy contenta.
- ¿Te apetece ir al cine?
- Muchas gracias, pero tengo que ver a una amiga.
- ¡Bueno!, pues entonces hasta otro día. Siento que no puedas.
- Yo también. Me alegro de verte. Adiós

Ej. 6.
- Se llama Jeanne Moreau.
- Es francesa.
- Es actriz.
- Trabaja en el cine y en el teatro.

- Es español.
- Es entrenador de fútbol.
- Trabaja en el Atlético de Madrid, un club de fútbol.
- De Madrid.

- Se llaman Antonio Briones y Paloma Madariaga.
- Él es arquitecto y ella, enfermera.
- La niña es de Madrid.
- La niña se llama Elena Briones Madariaga.

Ej. 7.
- Busque los datos en la transcripción de la cinta.

Ej. 8.
- el señor • el médico • los conductores • la conversación • el ejercicio • el niño • la española • las ayudas • las discotecas • la página • la boca • la canción • las felicidades • la cabeza • los exámenes.

Ej. 9.
- es • somos • son • sois • soy • es • es.

Ej. 10.
- estás • está • está • estamos • están • estoy.

Ej. 11.
- quince años; cuatro hijos; diecinueve páginas; trece pisos; cinco amigas; diez pesetas; siete días; tres canciones; catorce coches; ocho fotos.

Ej. 12.
- cuándo • qué • cuál • cuántos • cómo • dónde • quién.

Ej. 13.
- ¿Cómo se llama usted?/¿Cómo te llamas?/¿Cuál es tu/su nombre?
- ¿Cuáles son tus/sus apellidos?
- ¿De qué nacionalidad es usted?/¿Qué nacionalidad tiene/s?
- ¿Dónde vive/s?/¿En qué calle/ciudad/piso vive/s?
- ¿Cuál es su/tu número de teléfono?
- ¿Cuántos años tiene/s?
- ¿Cuántos hijos tiene/s?/¿Tiene/s hijos?
- ¿Cuál es su/tu estado civil?/¿Está/s casado?
- ¿De dónde es usted/eres?

Ej. 14.
- Hola (saludo); Buenas tardes (saludo); Hasta luego (despedida); Adiós (despedida); Perdón (excusa); Lo siento (excusa); Por favor (ayuda/permiso).

LECCIÓN 2.

Ej. 1. • no • sí • no • sí • sí • no • no.

Ej. 2. • chalet • se necesita • tres • Alicante • 27 millones • afueras • con garaje • una terraza.

Ej. 3. • 1: se vende; 2: apartamento-estudio; 3: a estrenar; 4: urbanización con piscina; 5: cuatro pistas de tenis; 6: teléfono y televisión; 7: agua caliente central; 8: totalmente amueblado.

Ej. 4. • Dibujo 1: ¿Qué estilo tienen?
¿De qué son las sillas?
¿Qué es esto?
• Dibujo 2: ¿Es una cama sencilla o doble?
¿Qué tipo de colchón tiene?
¿Cuánto cuesta?
• Dibujo 3: ¿Qué marca es?
¿Sólo la tienen en blanco?
¿Qué capacidad tiene?
• Dibujo 4: ¿De qué material es?
¿Es posible tapizarlo en otro material?
¿Y qué precio tiene?

Ej. 5. • El salón-comedor está a la izquierda. • La puerta de entrada al apartamento está en la parte superior izquierda. • El dormitorio 3 está en la parte inferior derecha, al lado del cuarto de baño y del dormitorio 2. • El cuarto de baño 2 está en el centro, en la parte superior, entre el dormitorio 1 y el 2. • La terraza está en la parte inferior izquierda.

Ej. 6. • tresillo; ático; chalet adosado; parquet; parabólica; hilo musical.

Ej. 7. • De creación propia.

Ej. 8. • De creación propia.

Ej. 9. • trabaja • estudiáis • vende • leemos • vivo • abres • miráis • visitan • comemos • escribes.

Ej. 10. • tienes • tiene • tenemos • tengo • tenéis • tienen • tienen.

Ej. 11. • usted • nosotros/as • ustedes/ellos/as • vosotros/as • yo • tú • vosotros/as.

Ej. 12. • Se venden • se necesita • se habla • se puede • se escriben • se usa • se fuma.

Ej. 13. • De creación propia.

Ej. 14. • La ventana está en el centro de la parte superior. • La puerta está a la derecha de la parte inferior. • La mesa está entre las sillas y el sofá. • El sofá está en la parte superior derecha. • Las sillas están alrededor de la mesa. • La cama está a la izquierda de la parte inferior.

LECCIÓN 3.

Ej. 1. • 1: estanco; 2: universidad; 3: museo de pinturas; 4: estación de Renfe; 5: hospital; 6: quiosco de periódicos; 7: banco.

Ej. 2. • catedral; biblioteca; puerto; parque; hotel; estadio; restaurante.

Ej. 3. • Tiene que ir primero a la librería y luego al hospital. La librería está en la calle Maestro Falla y el hospital en la calle Maestro Vives.
• Tiene que ir primero a la farmacia y después a Correos. La farmacia está en la calle Maestro Bretón y Correos en la calle Maestro Vives.
• Primero tiene que ir al café y luego al cine. El café está en la calle Maestro Bretón, y el cine en la calle Maestro Vives.
• Tiene que ir primero a la comisaría y después al hotel. La comisaría está en la calle Maestro Barbieri, y el hotel, también.
• Tiene que ir primero a la universidad (calle Maestro Vives) y luego al museo (calle Maestro Falla).
• Primero tiene que ir a la catedral (calle Maestro Falla), luego al parque (calle Maestro Barbieri) y después al restaurante (calle Maestro Bretón).

Ej. 4. • 1: aparcamiento; 2: velocidad máxima 40 km; 3: área peatonal; 4: se prohíbe aparcar; 5: prohibido adelantar; 6: prohibido girar a la derecha; 7: prohibido fumar; 8: prohibido el paso; 9: dirección única; 10: prohibido girar a la izquierda.

Ej. 5. • importe; cabina; estafar; detenido; usuario; clandestino; tarifa; locutorio.

Ej. 6. • Tienes que ir hasta la calle Maestro Caballero y, todo seguido, hasta el cruce con la calle Maestro Falla. Tuerces a la derecha. El museo está en la acera de la derecha.

Ej. 7. • No se puede hacer ruido; no se puede hablar en voz alta; prohibido fumar; no se pueden llevar perros; no se pueden entrar bolsos ni carteras; la biblioteca está abierta de 9 a 13.30 y de 16.30 a 20.30.

Ej. 8. • del • al • la • las • las • al • del • del • al • la.

Ej. 9. • Hay que comprar el periódico • Hay que ver …
• Hay que comprar … • Hay que matricularse …
• No hay que ir … • Hay que coger …

Ej. 10. • famosos • buena • últimas • tranquilo • contenta
• moderno • gótico.

Ej. 11. • alemana • francesa • inglesa • andaluza • habladora.

Ej. 12. • Libre.

Ej. 13. • Está prohibido hacer fotos • Se puede sacar dinero
• Está prohibido llevar perros • Se puede cambiar dinero • No se puede fumar • No está prohibido hablar.

LECCIÓN 4.

Ej. 1. • 1: Oviedo está en Asturias; 2: Es Sevilla; 3: Está al lado de Málaga; 4: Está en Galicia; 5: En Granada; 6: Es Badajoz; 7: Son Ceuta y Melilla; 8: Son Portugal, Andorra y Gibraltar; 9: Canarias y Baleares; 10: Ávila, Segovia, Burgos, Toledo, etc.

Ej. 2. • Sanabria es un lago. • Ibiza es una isla. • Es Sierra Nevada. • El Mulhacén es una montaña. • Finisterre es un cabo. • Arán es un valle. • El Tajo es un río. • En Benidorm hay dos playas. • El Mediterráneo es un mar. Es la Costa del Sol.

Ej. 3. • 1. ¿Qué sabe usted de España? … bastante grande … 5.000 km … multitud de playas.
2. ¿Cuál es la frontera natural con Francia? Los Pirineos … de largo.
3. ¿Sabe los nombres de los tres mares que bañan las costas españolas? … al norte … al este y sur … al sur y oeste.
4. ¿Dónde están las Islas Canarias? … frente a … a unos … al sur de Cádiz.
5. ¿Sabe usted qué es el Ebro? … que lleva más agua …

6. ¿Qué regiones conoce usted? Conozco …
7. ¿Cuántos idiomas se hablan en España? … el castellano … el catalán … en Galicia y el vasco …

Ej. 4. • Los industriales exigen que la comarca cuente con un aeropuerto propio y que el puerto de Algeciras sea potenciado. • Se llama "Pacto para el 92". • Algeciras está en la provincia de Cádiz, al lado de Gibraltar. • Porque es un nudo de enlace entre Europa y África y está muy cerca de Gibraltar. • No es verdad porque en Canarias es una hora menos. • La hace un diputado canario. • Que se unifique la hora de las islas con la del resto del país. • Significa "medio en serio, medio en broma". • Dice que su tierra cuenta con los mejores telescopios de Europa para observar el sol. • El verdadero propósito es acabar con una discriminación.

Ej. 5. • De creación propia.

Ej. 6. • De creación propia.

Ej. 7. • Un metro, sesenta centímetros • seiscientos kilómetros • setenta y cinco kilos • treinta y cinco kilómetros • un millón y medio/un millón quinientas mil pesetas • cinco mil kilómetros • ochocientas cincuenta pesetas • doscientas cincuenta mil pesetas • ciento diez pesetas • mil cuatrocientos noventa y dos • mil novecientos tres.

Ej. 8. • No nos ve • te llaman … • os doy … • le vi ayer • le saludé ayer • les he dado … • las vi … • les estoy escribiendo … • no le comprendo • les/los oigo.

Ej. 9. • La vi • le regalé un libro • lo envié por correo • la recibí ayer • le/lo he visto … • le dio las gracias • las sacamos … • no les/los escribió • no los veo.

Ej. 10. • A ella le encanta … • A nosotros nos gusta … • A ustedes les molesta … • A mis hermanos les encanta … • ¿Qué os parece …? • ¿Te molesta a ti …? • A mí no me parece bien • A usted le encanta …

Ej. 11. • 1.¿Qué extensión tiene España? 2.¿Cuál es la capital de Andalucía? 3.¿En qué ciudad está la Alhambra? 4.¿Dónde está Barcelona? 5.¿Dónde está Ceuta? 6.¿Cuál es el río que pasa por Toledo? 7.¿Y por Zaragoza? 8.¿Cuáles son los montes que separan a España de Francia?

Ej. 12. • De creación propia.

LECCIÓN 5.

Ej. 1. • Trenes diarios: 2; Talgo: restaurante: sí; Hora de salida:15'40; Hora de llegada:21'25; Duración del viaje: 5 horas y 45 minutos; Expreso: coches camas; literas; Diferencia de precio entre 1ª y 2ª: 5.420 pesetas.

Ej. 2. • A Ciudad Real; a Valladolid; a Cáceres; al llegar a Benavente hay que torcer a la derecha.

Ej. 3. • Un señor va una mañana a una agencia a alquilar un coche pequeño para dos días. Alquila un Ford Fiesta, lo paga y sale de viaje. Por la tarde, la policía lo para en la carretera, le piden la documentación del coche y comprueban que es un coche robado (por la matrícula). Alquila un taxi para volver a la ciudad y presentar una reclamación en la agencia, pero ya no hay agencia. Es un timo.

Ej. 4. • Por la mañana; • "A su servicio"; • por adelantado; • la documentación del coche; • en taxi; • 15.000 pts.; • un timo.

Ej. 5. • 1:¡Ojo! = ¡cuidado!; • 2: despistarse = perderse/extraviarse; • 3: pasa = ocurre, sucede; • 4: ya sabes = ¡Pon atención!; • 5: a mayor velocidad = si corres más; • 6: esté donde esté = no importa la situación …; • 7: vía/pista = carretera; • 8: ponerse en guardia = estar en situación de alerta; • 9: asistencia = ayuda; • 10: despliegue = extensión/oferta...; • 11: nublar = estropear....; • 12: eventualidad = incidente o circunstancia ....; • 13: remolcar = llevar un vehículo a otro...; • 14: gratuitamente = sin pagar nada.

Ej. 6. • De creación propia.

Ej. 7. • esta; • estos; • ese; • esas; • aquel; • aquellos.

Ej. 8. • Esto es muy fácil; • Eso está en la Plaza Mayor; • Aquello es un ordenador; • Eso ocurrió el mes pasado; • Eso de ahí es un cenicero; • Eso fue en Zaragoza; • Esto es 85 pts.; • Aquello se llama Edificio Picasso.

Ej. 9. • 1ª pers. sing.: *mi; mis.* • 1ª pers. pl.: *mis; mi; mi; mis.* • 2ª pers. sing.: *tus; tu.* • 2ª pers. pl.: *tus; tu; tus; tu.* • 3ª pers. sing./pl./Vd-Vds: *su; su; sus.*

Ej. 10. • Respuestas posibles: • Estuve todo el día en casa;

• Estuve trabajando/en el campo; • La construyeron hace 10 años; • Mi madre no dijo nada; • Me gustó más el amarillo; • Empezó tarde porque había huelga de profesores; • Estuvieron con unos amigos; • Fuimos en coche.

Ej. 11. • De creación propia.

Ej. 12. • El señor alquiló un coche pequeño para dos días. Pagó por adelantado y salió de viaje. Por la tarde, lo paró la policía en la carretera y le pidieron la documentación del coche. El coche era robado. El señor volvió en taxi a la ciudad y fue a la agencia, pero la agencia ya no existía; entonces fue a la comisaría y presentó una denuncia.

LECCIÓN 6.

Ej. 1. • Hotel Indalo: 200 todas dobles; • primera línea de playa; • sí; • sí; • sí; • sí; • sí; • sí; • 6.300 (doble) y 4.500 (una persona); • moderno; • grande; • tres estrellas.
Parador Nacional: 65 dobles y 20 sencillas; • primera línea de playa; • sí; • no; • sí; • sí; • sí; • sí; • 7.000 (doble) y 5.000 (una persona); • moderno; • grande; • tres estrellas.

Ej. 2. • Buenos días. Yo quería una habitación para unos días en julio; ¿Qué fechas exactas, señor?; Sí, eso es; ¿la quiere doble o individual?; ¿Quiere decirme su nombre?; ¿Me dice el precio por noche?; ¿Está incluido el desayuno en el precio?; ¿El hotel tiene piscina?; Muy bien, gracias y adiós.

Ej. 3. • Pues a mí me gusta levantarme y acostarme tarde. Pues yo tomo un desayuno fuerte. A mí me gusta bañarme y asearme bien. Pues a mí me gusta leer el periódico todos los días, vestirme elegantemente y tomar el aperitivo en una terraza.

Ej. 4. • Barato; • A mi familia le gusta mucho el campo; • Nos encanta cocinar y comer lo que nos gusta; • Los niños y nosotros hacemos buenos amigos con otros campistas; • En España y en verano casi nunca hace mal tiempo; • No hay problemas con las playas/casi nunca es necesario reservar plaza.

Ej. 5. • Para mí el hotel es más cómodo. • Me gusta porque es más limpio. • Prefiero estar en el centro de la ciudad. • Me encanta el hotel porque tiene todos los servicios, etc.

Ej. 6. • De creación propia.

Ej. 7. • vivía; • estaba; • tenían; • gustaba; • era; • sabía.

Ej. 8. • Sí, era muy cómodo; • Yo estaba veraneando; • Iba con mis hermanos; • En 1979 tenía 23 años; • Se llamaba Luis; • Sí, estaban todos; • Esos zapatos costaban 1.000 pts. menos; • No, no decía nada; • Sí, les gustaba mucho.

Ej. 9. • vamos a ir; • va a llamar; • voy a estudiar; • van a pedir; • vas a dar; • voy a dormir.

Ej. 10. • Respuestas posibles: • Voy a venir la semana que viene; • Va a vivir con sus tíos; • Voy a darte 5.000 pts.; • Voy a elegir el negro; • Lo vamos a pasar en San Sebastián; • Vamos a salir a las siete de la mañana.

Ej. 11. • A las nueve de la mañana; • A las once de la noche; • A las tres de la tarde; • A las siete de la mañana; • A las dos de la tarde.

Ej. 12. • A las once y cuarto de la mañana; • A las siete menos cuarto de la tarde; • A las dos y cuarto de la tarde; • Las siete y media y las diez menos cuarto de la mañana.

Ej. 13. • Nos gusta mucho cocinar porque así sabemos lo que comemos. • A mi familia le encanta ir al campo porque le/s gusta mucho la naturaleza. • Lo pasamos muy bien en vacaciones en el camping porque encontramos gente agradable. • Me gusta ponerme ropa cómoda porque voy a hacer deporte. • Me gusta más levantarme temprano porque voy a darme una vuelta por la playa. • No me gusta leer el periódico porque no me interesan las noticias en vacaciones.

Ej. 14. • Pues a mí no; yo prefiero levantarme temprano. • No estoy de acuerdo; lo mejor es el hotel. • Puede que sí, pero no siempre. • No me parece bien; son muy pequeños. • Claro que no; prefiero levantarme tarde. • ¡Ni hablar! lo mejor es cocinar uno mismo. • ¡Claro que no! estoy en contra de la corbata.

LECCIÓN 7.

Ej. 1. • entremeses, tortilla de gambas, filete de ternera, zumo de naranja, ensalada mixta, besugo, queso manchego, espárragos con mayonesa, paella, arroz con leche, cerveza, vino de la casa, agua mineral con gas.

Ej. 2. • Alimentos ricos en proteínas: leche, queso, yogur, carnes, huevos, pescado. • Abundantes en vitaminas: verduras y frutas. • Proporcionan calorías: pastas, pan, azúcar, arroz, aceites, tocino y mantequilla. • Aportan todos los elementos: patatas, legumbres, frutos secos.

Ej. 3. • 1. a la vista del público; 2. una bandeja; 3. directamente del mostrador; 4. al cajero/cajera; 5. vinos ni menús; 6. camareros/as.

Ej. 4. • Los platos se piden después de verlos en el menú o carta. • Se piden al maître. • Porque se ve en el menú o se puede preguntar al maître o camareros. • Primero hay que pedir la cuenta y después se paga directamente al camarero.

Ej. 5. • Se pueden usar casi todas las expresiones indistintamente.

Ej. 6. • Sí, el pote gallego; • el pescado frito; • los asados de cordero y cochinillo; • Sí el queso manchego; • Sí, chorizo, salchichón, morcilla, etc.; • Se hace con huevos y patatas; • Sí, me gusta mucho el arroz con pollo o mariscos.

Ej. 7. • Menú 1: entremeses, tortilla de gambas, filete de ternera, zumo de naranja.
  Menú 2: ensalada mixta, besugo al horno, queso manchego.
  Menú 3: espárragos con mayonesa, paella, arroz con leche.
  Para los tres: cerveza, vino de la casa y agua mineral con gas.

Ej. 8. • Entrante: paté, entremeses.
  1er Plato: *sopa, espinacas, ensalada, guisantes, espárragos, macarrones, patatas fritas.*
  2º Plato: *tortilla, salmón, merluza, paella.*
  3er Plato: *pollo, filete.*
  Postre: *melón, tarta de manzana, flan, helado.*

Ej. 9. • Horizontales: 1. *paella*; 2. *lata*; 3. *tortilla*; 4. *queso*. Verticales: 1. *plato*; 2. *aperitivo*; 3. *sartén.*

Ej. 10. • he tomado; • ha llovido; • ha llamado; • he trabajado; • hemos visto; • se han divertido.

Ej. 11. • Respuestas posibles: • He ganado 150.000 pts.; • He estado enfermo en cama; • Mi padre ha dicho que no puede darme el dinero; • No lo hemos visto; • Ha sido estupendo; • He dormido muy poco; • Te he llamado para felicitarte; • Han venido cuatro veces.

Ej. 12. • cuarto; • primero; • tercer; • segunda; • primero; tercer; • primeros; • sexto; • séptimo.

Ej. 13. • a; a; en; a; en; en.

Ej. 14. • de,de • en, de • En • de • de.

Ej. 15. • Somos dos. ¿Hay menú turístico? / ¿Han visto las sugerencias del día? Muy buenos y muy frescos. Para mí también. A mí me va a traer carne de ternera. ¿Cómo la quiere, hecha o poco hecha?. A la plancha. ¿Algo de postre? Tráiganos vino de la casa. ¿Les apetece un aperitivo? La cuenta, por favor.

LECCIÓN 8.

Ej. 1. • jamón: 200 pts.; chorizo: 125; salchichón: 125; atún: 100; calamares: 130; tortilla: 115; queso: 150.

Ej. 2. • calamares, gambas, mejillones, pulpo.

Ej. 3. • 2: ¿Desayuno completo? - Sí, pero no quiero churros.
3: ¿Prefiere algo de bollería? - ¿Qué tienen?
4: Hay suizos, ensaimadas y magdalenas. - Póngame una ensaimada.
5: Muy bien. ¿El café en taza grande? - Sí, pero poco cargado de café.
6: ¿Algún zumo? - Sí, un zumo de naranja natural.

Ej. 4. • 1.¡Dos cañas (por favor)!; 2.¡Dos con leche (por favor)!; 3.¡Tres chatos de tinto (por favor)!; 4.¿Qué le debo / Qué se debe aquí?; 5.¿Me / nos pone otra de jamón, de calamares?; 6.¡Uno solo (por favor)!; 7.¡Dos tintos más (por favor)!; 8.¡Dos dobles y un cortado!

Ej. 5. • 1: ¿Qué significa …?; ¿Cómo?, ¿Qué quiere decir …?; ¿Cuál es la diferencia entre … y …?; ¿Qué es …?
2: No comprendo/entiendo; ¿Quiere repetir?

Ej. 6. • Un "cortado" es un café con muy poca leche. • "Una de jamón" es una ración de jamón. • Una "caña" es un vaso de cerveza. • "Del grifo" significa que la cerveza no está en botella, está en un barril. • Se dice uno "solo".

Ej. 7. • Las "tascas" son establecimientos públicos muy populares. • En las tascas se puede beber y comer "tapas" y "raciones". • Se suele beber vino o cerveza. • Las "tapas" son pequeñas porciones de comida que se sirven con la bebida. • Hay muchas y muy variadas, por ejemplo, callos, calamares, etc. • Una "ronda" es el conjunto de bebidas y tapas y raciones que se sirve a un grupo de amigos. • Se puede decir ¿Qué se debe aquí? • Se dice "sírvenos/sírvanos otra".

Ej. 8. • 1: estas expresiones se usan para pagar lo que se ha tomado.
2: estas expresiones se usan para pedir cerveza o vino.
3: estas expresiones se usan para pedir "raciones" de jamón, callos, calamares, etc.
4: estas expresiones se usan para pedir café.

Ej. 9. • Un café doble (poco cargado de café), una ensaimada y un zumo de naranja natural.

Ej. 10. • Primero hay que poner agua en un recipiente; • Luego hay que calentar el agua; luego hay que poner una cucharada de café en polvo en una taza; después hay que echar el agua hirviendo en la taza y añadir leche y/o azúcar si se quiere, y • Por último, hay que menear con una cucharilla.

Ej. 11. • Embutidos: *chorizo, salchichón, morcilla.*
Mariscos: *calamares, gambas, mejillones, pulpo, ostras, etc.*

Ej. 12. • están paseando; • está leyendo; • estás comiendo; • están viendo; • está fumando; • está mintiendo.

Ej. 13. • estás leyendo; • está estudiando; • estamos comiendo; • está durmiendo; • estamos trabajando.

Ej. 14. • algún; • ninguna; • algún - ninguno; • alguna - ninguna; • algunos; • ningún; • alguna - algunas.

Ej. 15. • nada; • alguien - nadie; • algo - nada; • algo - nada; • algo -nada; • alguien; • alguien - nadie.

Ej. 16. • 1: Un café con leche y churros/un suizo y un zumo de naranja.
2: una caña (por favor)
3: uno con leche
4: tres tintos/chatos

5: una de jamón (por favor)

6: dos de calamares (por favor)

7: uno solo

8: un cortado

9: ¿Qué le debo? / ¿Qué se debe aquí?

Ej. 17. • "Una de calamares" significa una ración de calamares. • Una "caña" quiere decir un vaso de cerveza. • "De barril" es cerveza de grifo. • Sí, de grifo, que no está en botella. • Uno "solo" es un café sin leche y un "cortado" es un café con un poquito de leche. • Un "chato" es un vaso pequeño de vino. • Para pedir un vaso de vino se puede decir un "chato".

LECCIÓN 9.

Ej. 1. • Juana: francés e inglés (alto); alemán (bajo); italiano (medio).
Eduardo: árabe (bajo); alemán (regular).
Eva: chino y japonés (alto); ruso y árabe (medio); italiano y francés (bajo).

Ej. 2. • Error: e - doble erre - o - erre
japonés: jota - a - pe - o - ene - e - ese
llamar: elle - a - eme - a - erre
políglota: pe - o - ele - i - ge - ele - o - te - a
examen: e - equis - a - eme - e - ene
Paraguay: pe - a - erre - a - ge - u - a - i griega
hijo: ache - i - jota - o

Ej. 3. • Ortografía correcta: ¿cómo se escribe …?
¿se escribe con …?
Significado: ¿Qué quiere decir. …?
¿Cuál es la diferencia entre … y …?
¿Puede repetir la palabra …? No la comprendo.
¿Puedo usar la palabra … para decir …?
¿Cómo se dice en español …?

Ej. 4. • ¿Puedes repetir esa palabra?
¿Qué significa? / ¿Qué quiere decir?
Sí, ahora sí entiendo / Sí, ya sé lo que significa.
¿Cómo se deletrea?
¿Cuál es la diferencia entre "enfermo" y "malo"?/
¿Qué diferencia hay entre "enfermo" y "malo"?

Ej. 5. • 1. exulcerar (verbo). 2. guaira (nombre). 3. linaje (nombre). 4. zopenco (nombre).

Ej. 6. • Aprender; • En Torremolinos; • Intensivos; • Pequeños; de julio a octubre; • Todo el año; • Centro de estudios SUR; • 933685.

Ej. 7. • Dice que es importante, pero que debe estar subordinada al punto primero.
• Es mejor escribir todo el ejercicio para hacer una práctica total.
• De los propios errores se aprende mucho.
• Hay que comprobar el solucionario en todo momento.
• Lo más importante es prestar atención a la exactitud de lo que queremos comunicar o decir.

Ej. 8. • Querida Elena:
Voy al teatro Español el sábado, a la función de noche que empieza a las once. Tengo dos entradas. ¿Te gustaría venir conmigo? Podemos quedar a las 10.30 en la cafetería de la esquina. Al salir del teatro podemos tomar una copa. Telefonéame a casa o al trabajo para decirme si te apetece. Un beso, (su nombre)

Ej. 9. • Anuncian unas clases de español en un centro de Torremolinos. Son cursos intensivos con muchas actividades diversas y también ofrecen clases individuales. Yo creo que debes ir a preguntar el precio. A mí me parece que es una buena oportunidad para ti.

Ej. 10. • coge; • vayan; • escriban; • esperad; • Di; • Sean.

Ej. 11. • corras; • diga; • tengan; • preguntéis; • hagas; • pronuncie.

Ej. 12. • Sí/no lo estoy; • Sí/no lo compraron; • Sí/no lo veo; • Sí/no lo comprendo; • Sí/no lo tenemos; • Sí/no lo creo.

Ej. 13. • Se los da; • Se lo pagué; • No se lo vendas; • Se las di; • ¿Se la escribiste?

Ej. 14. • No los entiendo; • No lo conocía; • No le dieron la noticia; • No lo/le comprende; • Las estudiaron todas; • No les digas que no quieres ir.

Ej. 15 • 1: ¿Quiere repetir, por favor? / ¿Cómo?
2: ¿Está bien dicho …? / ¿Se puede decir…?
3: ¿Qué se dice cuando …? / ¿Cómo puedo decir…?

Ej. 16. • 1: ¿Cómo se pronuncian estas dos palabras?
¿Cómo se escriben estas dos palabras?
2: ¿Cómo se escriben estas dos palabras?
¿Cómo se pronuncian? / ¿Qué diferencia de

pronunciación hay entre … y …?
¿Qué significa cada una de estas dos palabras? /
¿Que diferencia de significado hay entre estas
dos palabras?

3: ¿Esta palabra se escribe con "b" o con "uve"?

4: ¿Esta palabra se escribe con "elle" o con "i griega"?

LECCIÓN 10.

Ej. 1. • Corbatas: 2.000 pts; • chaquetas sport: 5.000; • vestidos señora: 3.000; • camisas algodón/lana: 1.200; • zapatos señora: 1.800; • pantalones: 2.000; • trajes: 9.000; • blusas: 1.000; • faldas: 1.500; • ropa interior señora: 400.

Ej. 2. • Los calcetines son azules; la toalla es blanca; el jersey es verde; la cartera es marrón; el abrigo es negro; la corbata es roja; las medias son grises; el sombrero es amarillo.

Ej. 3. • Pepe es el del centro; Paco es el más pequeño y Pipo es el mayor.

Ej. 4. • Las manzanas en A son más caras que en B y en C.
Las manzanas en A son las más caras.
Las manzanas en B son las más baratas.
Las patatas en A son más caras que en B y en C.
Las patatas en B son las más baratas.
Las patatas en A son las más caras.
El azúcar en C es más caro que en A y en B.
El azúcar en B es el más barato.
El azúcar en C es el más caro.
Los plátanos en B son más caros que en A y en C.
Los plátanos en B son los más caros.
Los plátanos en A son los más baratos.

Ej. 5. • Ejercicio de creación propia.

Ej. 6. • 1: Los dos opinan que el problema es muy aburrido.
2: Los dos opinan que los libros son muy interesantes.
3: Las dos opinan que los vestidos son muy bonitos.
4: Los dos opinan que el tenis es un deporte muy divertido.

Ej. 7. • 1: camiseta; 2: menaje; 3: mocasines; 4: zuecos; 5: rebajas; 6: colchón; 7: pareo; 8: playeras; 9: hacer el agosto; 10: sombrillas.

Ej. 8. • Repetir por escrito las instrucciones de la cinta del ejercicio 1.

Ej. 9. – ¿Qué desea, caballero?   – Yo quería este modelo.
– ¿Qué número tiene usted? – Uso el 41.
– ¿De qué color los quiere? – Negros o marrones.
– ¿Quiere probárselos?   – Sí.
– ¿Le quedan bien?   – Sí, me quedan muy bien.
– ¿Qué precio tienen?
– Son 7.000 pts.   – Son un poco caros.
– Sí, pero es una buena marca.

Ej. 10. • De creación propia.

Ej. 11. • me ducho/me duchaba; • te lavas/te lavabas; • os bañáis/os bañabais; • Nos ponemos/nos poníamos; • se prueba/se probaba; • me peino/me peinaba.

Ej. 12. • como; • que; • tan; • que; • como; • más; • menos; • menos.

Ej. 13. • peor; • mejor; • mayor; • mejores; • menores; • menor.

Ej. 14. • Trabajan más que nosotros - Trabajamos menos que ellos; • Ella se divierte más que usted - Usted se divierte menos que ella; • Tu primo viaja más que tú - Tú viajas menos que tu primo; • Andrés estudia más que Elena - Elena estudia menos que Andrés; • Mi padre fuma más que mi madre - Mi madre fuma menos que mi padre.

Ej. 15. • X es el más caro de los tres / Y es el más barato de los tres / Z es más caro que Y y menos caro que X. A es más bonito que B y más feo que C / B es el más feo de los tres / C es el más bonito de los tres.

Ej. 16. • Yo quería este modelo de zapatos.
• Uso/gasto un 41.
• Los quiero negros o marrones.
• ¿Qué precio tienen? / ¿Cuánto cuestan?
• Me parecen un poco/demasiado caros.
• Sí, voy a probármelos.
• Sí, me quedan muy bien.

LECCIÓN 11.

Ej. 1. • c; a; d; g; b; f; e; / d; c; a; b.

Ej. 2. • 1=v; 2=f; 3=?; 4=v; 5=f; 6=f; 7=v; 8=v; 9=f; 10=v.

Ej. 3. • a; c; b, d, si al amigo se le trata de usted. • a; b.

Ej. 4. • a= 93; b= Granada; c= Renfe; d= Iberia; e= 2478200; f= información horaria.

Ej. 5. • 5; 7; 6; 1; 8; 4; 3; 2.

Ej. 6. • Introducir la tarjeta; • hay que volver a introducirla como se indica; • teclear el número personal; • Retirada de fondos; • tecleas el importe; • la cantidad solicitada; pulsas la tecla "continuar" si la cantidad es correcta. Si no es correcta, pulsas "corrección". • que te dice que la operación se está procesando y que esperes; • retirar tu tarjeta; • que retires el recibo y el dinero solicitado.

Ej. 7. • está; • estás; • es; • está; • es; • es; • están; • es; • está; • es.

Ej. 8. • está; • es, está; • estamos; • es; • estoy; • está.

Ej. 9. • algo, nada; • algo, nada; • nada, nada; • algo, • nada; • algo.

Ej. 10. • Inteligentísima; • Cansadísimos; • Lejísimos; Interesantísimo; • Blanquísima; • Tristísimo/a.

Ej. 11. • De creación propia.

Ej. 12. • De creación propia.

LECCIÓN 12.

Ej. 1. • fatal; tanto; mala cara; qué ------ pasa; • dolor de cabeza; ha dormido mal; tiene sueño; "¿Qué te parece si tomamos un café?"

Ej. 2. • Porque han dicho: "Buenas noches"; • muelas; • para él; • unos comprimidos; • Al dentista; • cuanto antes; • hasta la vista / hasta luego; • que se mejore.

Ej. 3. • 1-e; 2-f; 3-g; 4-d; 5-c; 6-b; 7-a.

Ej. 4. • Me duele mucho el estómago. - No, no me he dado ningún golpe y he comido ligeramente. - Sí, me duele con alguna frecuencia. - Creo que me duele todo pero me parece que más en el lado derecho. Tengo miedo. ¿Cree usted que será apendicitis? - Sí, fumo mucho, el café también me gusta mucho y bebo algo de vino en las comidas. - ¿Cree usted que es algo grave? - ¿Cree usted que me tendrán que operar? - ¿Qué consejo me puede dar doctora?

Ej. 5. • 6; 7; 11; 1; 2; 3; 4; 8; 12; 13; 14; 9; 10; 5; 15.

Ej. 6. • 1: cualquier… 2: ¿Qué me dice …? 3: ¿Quiere un …? 4: le parece. 5: ¿Le … dar un consejo? 6: sugiero. 7: mejor es que … 8: Le … que … 9: que … 10: lo recomendamos. 11: le gustaría … 12: también se dará cuenta.

Ej. 7. • 1: Elimine el exceso de sal. 2: Tome menos sal. 3: ¿Qué me dice si deja la vida sedentaria? 4: ¿Qué le parece si elimina el stress? 5: Le aconsejamos que no abuse del café. 6: Le sugiero que tome menos alcohol. 7: Lo mejor es que no fume. 8: Hay que alimentarse adecuadamente. 9: Debe tener en cuenta la hipertensión. 10: Usted también se dará cuenta de que los alimentos con poca sal son más sanos.

Ej. 8. • oído; • tenido; • visto; • aprendido; • mirado; • leído; • sido; • hecho, • querido.

Ej. 9. • hemos ido; • ha venido; • hemos salido; • he viajado; • han muerto; • ha habido.

Ej. 10. • Cada; • todo; • todos; • cada; • todas; • Todo; • Todo; • cada.

Ej. 11. • Tenemos que; • Tiene que; • No tienes que; • Tiene que; • Tienen que; • Tiene que.

Ej. 12. • Hay que; • No hay que; • Hay que; • No hay que.

Ej. 13. • De creación propia.

Ej. 14. • 1: Tome menos grasas y alimentos con muchas calorías.
2: ¿Qué le parece si a partir de ahora hace la digestión con más facilidad?
3: ¿Le puedo dar un consejo? Atención, porque los kilos que se ganan casi nunca se pierden..
4: Le aconsejamos que beba todo el agua que quiera y controle el vino que toma.
5: Usted también se dará cuenta de que la fibra ayuda a comer menos porque da la sensación de haber comido más.
6: ¿Quiere un consejo? Trate de relajar sus músculos.
7: Le sugiero que tome una posición cómoda y vaya estirándose lentamente.
8: Hay que respirar lenta y profundamente.
9: Duerma siempre a oscuras.
10: Debe pensar en cosas agradables.

LECCIÓN 13.

Ej. 1. • **ELLA.** 1: Granada y París. 2: Ambas. 3: Francia y España. 4: Instituto de España. 5: Universidad Complutense. 6: Ciencias de la Información. 7: Francés; inglés, alemán, italiano. 8: Estudió en Francia; estudia alemán en Munich; le gusta el italiano y va a Italia cuando puede. 9: Relaciones Internacionales.
ÉL. 1: Madrid. 2: Privada. 3. Madrid. 4: Syracuse. 5: y 6: Agencia de viajes. 7: Inglés, francés. 8: Inglés en el colegio y pasó un año en Estados Unidos, ha pasado dos veranos en Montpellier. 9: Continuar con el trabajo que tiene.

Ej. 2. • A mí lo que más me gusta; lo que yo prefiero; • muy aburridas; alguna interesante; a mí me gusta; no me gusta nada; • me encanta; me gustan mucho; no mucho; • fatal; me molesta mucho; • no tengo ganas de nada; aficionada; Tengo mucha afición a; el que me interesa más; Mi pasatiempo favorito.

Ej. 3. • Se va; se amplía; se transforman; aparecen/Se divide; es obligatoria; el que lo solicite/Cada; solo; todos/hasta; por; a; en.

Ej. 4. • Ana fue a la Feria de Muestras y asistió a una conferencia sobre calculadoras electrónicas. También fue a la Biblioteca y leyó un libro sobre la Revolución Francesa. Marta fue al cine y vio una película en versión original. También fue al Estadio y presenció un partido de fútbol. Paloma fue al Auditorio y escuchó un concierto. También fue al Museo de Ciencias naturales y visitó una exposición de minerales.

Ej. 5. • ¡Qué lección más/tan aburrida! •¡Qué día más/tan malo! •¡Qué ciudad más/tan grande! •¡Qué plantas más/tan verdes! •¡Qué libro más/tan interesante! •¡Qué cama más/tan cómoda!

Ej. 6. • ¡Qué bien habla esa señora! •¡Qué simpática es tu amiga! •¡Qué fría está el agua! •¡Qué cara está la vida! •¡Qué amargo sabe el café! •¡Qué tonto eres (tú)!

Ej. 7. • Hace tres años que conocimos París. • Hace un minuto que salieron. • Hace dos meses que tuvieron una hija. • Hace muchos años que vivió usted en esa casa.

Ej. 8. • Hace … que le conozco • que la escucho • que fumo • que trabajo en ella • que las uso.

Ej. 9. • Desde hace …

Ej. 10. • De creación propia.

Ej. 11. • De creación propia.

LECCIÓN 14.

Ej. 1. • **a** 4, 2, 3, 1. **b** 2, 3, 4, 1. **c** 2, 1, 4, 3. **d** 2, 4, 3, 1. **e** 2, 3, 4, 1.

Ej. 2. • Porque debe estar en la oficina a las ocho y media. • Porque vive un poco lejos. • Porque va siempre leyendo. • Porque vive cerca del trabajo. • En un quiosco en la esquina de su casa. • Porque vive lejos. • Cuando hace guardia de noche.

Ej. 3. • Lea la grabación correspondiente.

Ej. 4. • Trabajé dos años en una agencia de seguros. • No, no, ahora estoy en el paro. • No necesitaban personal y me despidieron. • Sí, he hecho dos cursos de mecanografía. • Sí, he trabajado con ordenadores y conozco el tratamiento de textos. • ¿Puede decirme en qué consiste este contrato? • Sí, querría saber el sueldo que voy a tener.

Ej. 5. • A) 3, 4, 5, 2, 1. B) 4, hombres; 2,5, mujeres; 1, 3, pueden valer para los dos géneros. • No mencionan condiciones económicas: Empresa de seguridad y se necesita contable.• Fines de semana y días de fiesta: 1. Otros trabajos: 2,5. • Sin experiencia: mensajeros, seguridad. • Tienda: 5

Ej. 6. • Libre.

Ej. 7. • Veáse grabación Ej. 3.

Ej. 8. • pudo; • fue/fui; • tuvimos/estuvimos; • llevé; • se reunieron.

Ej. 9. • tenía; • vivía; • estaban; • tenía; • sabía, • eran.

Ej. 10. • leía, sonó; • estaban, robó; • paseaba, vi; • miraba, llamó.

Ej. 11. • Acabamos de verle; • acaban de llegar; • acaban de cerrar; • acaba de empezar; • acabamos de cenar.

Ej. 12. • Libre.

Ej. 13. • Libre.

LECCIÓN 15.

Ej. 1. • 2; 3; 4; 1; 5.

Ej. 2. • 1. Fines de semana; me lleno de oxígeno para el resto de la semana; bastante. 2. Todos los días; eso me permite estar en forma; mucho. 3. Todos los días; me sienta muy bien; mucho. 4. No hace deporte; prefiero el sillón al estadio; nada. 5. Siempre que puede; al no estar entrenado me canso mucho; algo/poco. 6. Con regularidad; me viene muy bien para no engordar; algo/bastante.

Ej. 3. • 1. está jugando mal. 2. yo soy pesimista en cuanto al resultado. 3. todo va a salir mal. 4. seguro que vamos a perder. 5. estoy seguro de que va a ser un fracaso. 6. estoy muy desanimado. 7. desanima a cualquiera. 8. un empate sería para estar triste. 9. lo que me produce es tristeza. 10. me pone siempre de mal humor. 11. ¡Mal! ¡Fatal! ¡Fuera! 12. una derrota.

Ej. 4. • 3; 3; 1; 4; 2; 1; 2; 1; 3; 4.

Ej. 5. • FÚTBOL: Hay once jugadores en cada equipo de fútbol. Se utiliza un balón que se golpea con los pies o con la cabeza. Se trata de meter el balón en la portería contraria. Hay dos tiempos de 45 minutos cada uno y gana el equipo que mete más goles. GOLF: El golf es un deporte individual. Se utiliza una pelota a la que se golpea con un bastón. Se trata de meter la pelota en diversos agujeros. No hay tiempo determinado. Gana el jugador que consigue los 18 hoyos en menos golpes. JUDO: El judo se practica por parejas. Se utiliza todo el cuerpo y se emplean manos, brazos y piernas para derribar e inmovilizar al contrario. Cada asalto dura uno o dos minutos. Gana el que consiga inmovilizar de espaldas al contrario o le haga abandonar por una llave. TENIS: El tenis se juega individualmente o por parejas. Se golpea la pelota con una raqueta. Se trata de pasar la pelota por encima de una red, haciendo que bote en el campo contrario. Dura hasta que alguien gane consiguiendo más sets.

Ej. 6. • salgas; • esté; • pase; • te quedes; • jueguen; • diga.

Ej. 7. • tiene; • sale; • andan; • estás; • estamos.

Ej. 8. • hablan; • invite; • haga; • vive; • ayudes; • vayan; • comprenden; • llegues.

Ej. 9. • buena; • mal; • gran; • San, gran; • Santo; • buen; • mala; • grandes.

Ej. 10. • De creación propia.

Ej. 11. • yo creo que vamos bien. • yo soy optimista, • algunas cosas te salen muy bien. • Seguro que ganaremos. • va a ser un éxito. • me encuentro muy animado. • estoy muy contento. • a mí me causa alegría. • Tengo cara de buen humor.

LECCIÓN 16.

Ej. 1. • 1. no, no; sí; no; en contra; sí; sí; sí; época; sí; alegre; sí; sí; no; enterarme; sí; sí.

• 2. grabación.

Ej. 2. • la Cibeles; Neptuno ... allí enfrente está el Museo: -¿se puede ir en autobús?; Gran Vía; Atocha; cercana; a pie; -¿Está abierto ahora?; de 9 de la mañana a 7 de la tarde; -¿Cuál es el horario de los domingos y festivos?; de 9 de la mañana a 2 de la tarde; es día normal; -¿Qué vale el Museo?; mostrar el D.N.I.; pagar 400 pts.; -¿Vamos a ver la pintura española? -¿Vamos a verla toda? -¿Qué te parece la pintura española? -¿Cuáles son tus pintores favoritos?

Ej. 3. • no; sí; no; sí; para españoles; no; no; no; s. XVIII; más de 5.000; como colección real; los días de recepción.

Ej. 4. A A no le gusta la música clásica; piensa que es aburrimiento y que es muy pesada. B no se lo cree, piensa que A exagera un poco y va a ponerle un poco de música.

A dice que esa música no está mal, que es distinta, que se puede escuchar pero que no hay muchos trozos así. B le pone otro trozo.

A dice que ese trozo es muy alegre, muy bonito, que

le gusta mucho. Le parece que B va a tener razón y que él va a tener que cambiar de opinión.

Dice que esa música es maravillosa y muy bonita. Cree que antes de opinar va a tener que enterarse de muchas cosas. B dice que sí, que él siempre tiene razón.

Ej. 5. • Véase Ej. 3.

Ej. 6. • proteste; • no estemos; • haya; • pongas; • firme; • vengan.

Ej. 7. • sabe; • están; • tienes; • hace: • progresa.

Ej. 8. • aprendas; • prefiere; • podáis; • no sabe; • haga; • quieren; • llueva; • oye.

Ej. 9. • primera; • primer; • primera; • tercer; • tercera; • noveno; • segundo; • cuarta; • octavo.

Ej. 10. • No, lo lunes está cerrado. • No, las visitas son en grupo. • Sí, es el 248 74 04. • ¿Desde dónde?. • No, sólo en inglés, francés y alemán. • Sí, no cierra al mediodía. • Sí, a Banco de España o a Atocha. • No, está cerrado.

Ej. 11. • 1 - d; 2 - b; 3 - c; 4 - a.

LECCIÓN 17.

Ej. 1.

=	=	=	≠	≠	=	≠	=	≠	≠
=	≠	=	≠	=	≠	≠

Ej. 2. • 1. A, no; B, no.

2. A, no; B, sí.

3. A, no; B, no.

4. A, sí; B, sí.

5. A, no; B, no.

6. A, no; B, sí.

Ej. 3/4. • Según los recuadros de Acepta/ Discúlpese/ Gustos.

Ej. 5. • 1. cubren … 2. hay una cadena … 3. toda su programación … 4. mientras que … 5. este último … 6. tres canales. 7. los programas …, las emisiones de …

Ej. 6. • `--` ni idea; ¡Y yo qué sé!; no tengo ni idea;

`-` no, no lo sé, lo siento; no sé nada.

`c·` no lo sé con seguridad; no estoy seguro; me parece que no.

`+` sí, me parece que sí; sí; sí, claro.

`++` por supuesto que sí; naturalmente que sí.

Ej. 7. • Alcance estatal:
La televisión pública con sus dos canales, y la televisión privada, que tiene tres. También se podría añadir la televisión por satélite que alcanza igualmente a todo el territorio.
Distribución territorial:
Además de la televisión pública y de la privada, hay cadenas autonómicas en Cataluña, en Galicia, en el País Vasco, en Andalucia, en Madrid y en Valencia.
Lenguas en las que se emite:
Además de en castellano, se emite en catalán, euskera, gallego y valenciano.

Ej 8. • por; • para; • por; • por; • Por; • por; • Para; • por; • Para; • Por.

Ej. 9. • de; • por; • de; • de; • Por; • por; • por.

Ej. 10. • Ha vuelto a llover. • No vuelvas a venir. • No vuelva a decir eso. • Vuelve a escribir la carta. • ¿Has vuelto a ir a Londres? • Han vuelto a tener noticias de sus hijos.

Ej. 11. • Esta casa es mía. • Aquel plato es suyo. • Estas gafas son tuyas. • Esas camisas son vuestras • Estas ropas son suyas. • Este garaje es nuestro.

Ej. 12. • Libre.

Ej. 13. • Libre.

LECCIÓN 18.

Ej. 1. • 1. Casi todos los días; al menos lo mira por encima 2. No lo compran en casa; no tiene tiempo. 3. El pie de la foto de la portada. 4. La noticia importante al lado de la foto. 5. La sección internacional 6. Secciones especiales; deporte y cultura 7. Futuro, educación, temas de nuestra época y libros. 8. Demasiada información; artículo discutibles. 9. Eso les pasa a todos/es el mejor.

Ej. 2. • 1. ¿Lees el periódico todos los días? 2. ¿Po

qué? 3. ¿Qué es lo primero que lees en el periódico? 4. ¿Y después? 5. ¿Las lees todas? 6. ¿Qué temas te interesan más? 7. ¿Por qué la deuda externa? 8. ¿Lees algo más? 9. ¿Algo más? 10. ¿Qué opinión tienes sobre el periódico que lees? 11. Entonces, ¿por qué lees ese periódico?

Ej. 3. • grabación.

Ej. 4. • **Público:** clase media-alta, media, profesionales, intelectuales, dirigentes obreros, estudiantes, mujeres y gente joven. • **Tipo de información:** neutral y objetiva; presenta toda la gama de la opinión pública. • **Objetivos básicos:** Existencia de un gobierno democrático, libertad de expresión e integración plena de España en la CEE.

Ej. 5. • En Barcelona. • Editoriales, ensayos y cartas al director. • Sí, en mercado del automóvil.

Ej. 6. • Comienza por GENTE y lo lee casi todo menos Deportes. En general no le interesa lo internacional. Lo que más le interesa son los temas de economía, las grandes empresas nacionales, los bancos y lo laboral porque trabaja en un banco y le conviene para su carrera. No le interesan los sucesos. De las secciones especiales, le interesan los libros, los espectáculos y la sección de educación.

Ej. 7. • **Lector 1:** Aunque tiene demasiada información y hay artículos discutibles, cree que eso les pasa a todos los periódicos y piensa que éste es el mejor. También cree que es excesiva la cantidad de noticias por día, pero eso les ocurre a todos, es general a todos los periódicos.

Lector 2: No lee el periódico todos los días porque no tiene tiempo. Siempre lee primero la primera página y luego las internacionales. Le interesan los temas referentes a la deuda externa. También opina que es excesiva la cantidad de noticias que traen los periódicos.

Ej. 8. • ¿Puede enseñármelo? • Quieren vendértela. • Tiene que dárnoslo. • Estoy contándotelo. • No puede comprárselas.

Ej. 9. • Cómpratelos. • Dáselo. • Repítasela. • Bájamelo. • Estúdiatelo.

Ej. 10. • No te los compres. • No se lo des. • No se la repita.

• No me lo bajes. • No te lo estudies.

Ej. 11. • La guerra fue perdida …; • La ley fue aprobada …; • Los heridos fueron recogidos …; • El Quijote fue escrito ; • La manifestación fue prohibida.

Ej. 12. • Se sabe todo; • se puede …; • se come …; • no se permite …; • se prohíbe …; • se habla …;

Ej. 13. • Las habitaciones se pintaron …; • los problemas se solucionan …; • las escuelas se cerraron …; • la obra se estrenó …; • Las calles se riegan ....

Ej. 14. • De creación propia

LECCIÓN 19.

Ej. 1. • Grabación.

Ej. 2. • Grabación.

Ej. 3. • Grabación.

Ej. 4. • En Galicia estará nuboso, habrá tormentas y nieblas. • Habrá sol en Cantabria, País Vasco, La Rioja, Navarra, Aragón y Cataluña. • El cielo estará cubierto en Murcia. • Lloverá en el sur de Extremadura, Melilla y Tenerife. • Habrá chubascos en Andalucía, Murcia, Valencia y Canarias. • El cielo estará despejado y habrá algunas nieblas en las Baleares. • En las Canarias estará nuboso, habrá nieblas y lluvias y fuerte marejada en la mar.

Ej. 5. • c, a, b, d.

Ej. 6. • Cielo muy nuboso …

Ej. 7. • En el sur de las Islas Británicas habrá lluvias y el ambiente será frío. • En el Cantábrico se producirán lluvias. • En los Pirineos y en los Alpes habrá nevadas. • En Yugoslavia habrá chubascos. • En Canarias el tiempo seguirá variable.

Ej. 8. • El cielo estará muy nuboso. • Las tormentas serán muy irregulares. • Los vientos serán del este y fuertes en el Estrecho. • Habrá temporal en la mar.

Ej. 9. • Lo lógico … • Lo importante ... • Lo mejor ... • Lo peor ... • Lo natural ... • Lo fundamental ...

Ej. 10. • Cuatro por cuatro, dieciséis. Seis dividido entre tres, igual a dos. Diez menos cuatro, seis. Veintiuno más veinte, igual a cuarenta y uno. Un cuarto de litro. Tres cuartos de kilo. Ciento veinte kilómetros hora. A menos tres grados. Siete del nueve del noventa y dos.

Ej. 11. • El nuevo modelo saldrá … • La semana que viene estaremos … • Esa excursión la haré … • Terminarán la nueva carretera … • Mi próxima novela será … • Sí, nos llevaremos a los niños con nosotros … • Con su nuevo disco ganará …

Ej. 12. • terminaré; • habrá; • saldremos, • se divertirán; • no podré; • estudiaré.

Ej. 13. • será; • estará; • no querrá; • pagarán; • llegará; • estará.

Ej. 14. • Libre.

Ej. 15. • Libre.

LECCIÓN 20.

Ej. 1. • 1. ¿Cuándo te tomarás? ¿Cuándo te tomas? 2. Ambas. 3. Hay que pensar en algo distinto. 4. Hay demasiado sol y … 5. Nosotros vemos el sol.

Ej. 2. • 1. Norte. 2. a la costa; a cabalgar por Asturias; a andar por la montaña en Cantabria; a descansar en el País Vasco. 3. moverse. 4. Hacer el camino de Santiago. 5. a pie; autobús; tren; bicicleta

Ej. 3. • ¿Cuándo vas a tomar las vacaciones? ¿Me puedes ayudar? ¿Por qué no lo pensamos juntos? ¿Pensamos en algún tipo de vacaciones especiales? ¿Nos vamos al norte? ¿Qué te parecen las rías gallegas? ¿Qué te parece si recorremos Asturias ¿Y si nos quedamos a descansar en Euskadi?

Ej. 4. • Quería información. - ¿Puede decirme la distancia que hay que recorrer? - ¿Cree usted que se puede hacer a pie? - ¿Opina usted que es muy difícil? ¿Podría darme un mapa de España, por favor? ¿Podría recomendarme una guía de España …

Ej. 5. grande; inolvidable; bellos; ideal; seguro; grandes divertidos.
apunta; descubre; es; encontrar; podrás ven; descubrir.
vacaciones; extranjero; momento; cheques; libras dólares; marcos; escudos; mundo.

Ej. 6. • Véase Ej. 1.

Ej. 7. • Vamos a recorrer el Camino de Santiago. Si l hacemos a pie, recorreremos 30 km al día; si es e bicicleta, 80 km. Si vamos en autobús, lo haremo en 7 días y si es en tren, en 8. Dormiremos e campings o en hoteles y comeremos al aire libre en restaurantes. Veremos arte románico y paisaje naturales y hablaremos con las gentes de lo pueblos y de las ciudades.

Ej. 8. • tengo; • coges; • ganan; • habla; • aparcáis; • sigue

Ej. 9. • prepararé; • pagaréis; • preguntaremos; • esperar • podré.

Ej. 10. • De creación libre.

Ej. 11. • al mirarme; • al salir; • al saludarla; • al decir eso.

Ej. 12. • de; • con; • sin; • desde; • entre; • en; • a; • Desde.

Ej. 13. • De creación propia.

Ej. 14. • De creación propia.

TEXTOS GRABADOS

UNIDAD 1.

Ejercicio 1

- Éste es el Sr. Gutiérrez; Alberto Gutiérrez Manso.
- Es español, de Zaragoza.
- Vive actualmente en Barcelona, calle Gabriel Miró, 22, piso 1º, letra D.
- Su número de teléfono es 9-45-41-10.

Ejercicio 2

- El Sr. Gutiérrez tiene 35 años.
- Nació el 28 de abril de 1955.
- Está casado y tiene dos hijos: un niño de 6 años y una niña de 4.
- D. Alberto es profesor de matemáticas y trabaja en un Instituto de Bachillerato de Barcelona.
- Habla un poco de francés y de inglés.

Ejercicio 3

- ¡Gracias!
- Hoy es mi santo/cumpleaños.
- ¿Comemos juntos?
- Éste es Juan.
- ¿Se puede (entrar)?
- ¡Adiós!
- ¿Cómo está usted?
- ¿Tiene fuego, por favor?

Ejercicio 7

- Don Daniel Martínez es español, de Bilbao. Tiene 44 años y está divorciado. Es director de banco, muy simpático y trabajador. Mide 1,86 de altura y se le considera guapo.

- Doña Ana González es también española, de Madrid. Tiene 27 años y está casada, sin hijos. Es secretaria de dirección y habla tres idiomas. Es muy guapa y de carácter alegre. Sólo mide 1,55. No le gusta mucho trabajar.

- Antonio Sousa es portugués, de Oporto. Tiene 22 años y está soltero. Trabaja en una discoteca por las noches. Es un muchacho muy amable, aunque no demasiado trabajador. Mide 1.70 de altura.

UNIDAD 2.

Ejercicio 1

- Se alquila piso exterior, con mucho sol y ascensor; tres dormitorios, salón-comedor, cocina totalmente amueblada, incluso electrodomésticos: cocina de gas butano y eléctrica, lavadora automática, lavavajillas y frigorífico. Tel.: 243 17 69. Zona centro. 85.000 ptas. al mes.

Ejercicio 2

- Se necesita chalet adosado, compra o alquiler, jardín, 4 dormitorios, dos salones, tres cuartos de baño. Máximo 27.000.000 compra o 300.000 ptas. alquiler. 2 plantas, con garaje y terraza. Calefacción central y chimenea en salón. Entre autopista y costa. Afueras de Alicante.

Ejercicio 3

- Se vende apartamento-estudio interior, a estrenar, en urbanización con piscina, 4 pistas de tenis. Teléfono y televisión con antena parabólica. Agua caliente central. Totalmente amueblado, incluso alfombras, cuadros y lámparas. Llamar al teléfono 5-22-15-83, de 9 a 13.30 y de 17 a 20 horas.

Ejercicio 4

- Es una mesa de comedor para 6 personas en madera de pino. Las sillas son de la misma madera. El conjunto es de estilo nórdico funcional.

- Es de matrimonio. El colchón es de muelles. Cuesta 100.000 ptas.

- Las hay en varios colores. Este modelo es de 200 litros. Es una marca alemana.

- Es de cuero. Se puede tapizar también en tela. El precio en cuero es de 400.000 ptas. y en tela, depende del tipo.

UNIDAD 3.

Ejercicio 1

1. - Tengo que comprar sellos y tabaco.
2. - Tengo que matricularme en el curso de extranjeros.
3. - Tengo que ver cuadros famosos.
4. - Tengo que coger el tren.
5. - Tengo que hacer un examen médico.
6. - Tengo que comprar el periódico.
7. - Tengo que cambiar dinero.

Ejercicio 2

- Está en la cuadrícula C y es un edificio religioso.
- Está en la cuadrícula G y es un local donde se puede leer o estudiar.
- Está en la cuadrícula A y hay muchos barcos.
- Está en la cuadrícula B y allí se puede pasear entre árboles.

- Está en la cuadrícula D y se puede dormir en él.
- Está en la cuadrícula E y se pueden ver partidos de fútbol.
- Está en la cuadrícula F y se puede comer allí.

UNIDAD 4.

Ejercicio 1

1. ¿Dónde está Oviedo?
2. ¿Cuál es la capital de Andalucía?
3. ¿Dónde está Torremolinos?
4. ¿Dónde está Vigo?
5. ¿En qué ciudad está la Alhambra?
6. ¿Cuál es la capital española que está en la frontera con Portugal?
7. ¿Cuáles son las dos ciudades españolas en África?
8. ¿Qué territorios de la Península Ibérica no son españoles, y cómo se llaman?
9. ¿Cómo se llaman las dos comunidades insulares españolas ?
10. Dé el nombre de tres ciudades españolas.

Ejercicio 2

- El Tajo es el **río** más largo de España. Pasa por Toledo y desemboca en Lisboa.

- El Mediterráneo es el **mar** que baña las costas orientales de España, desde Cataluña a Murcia.

- El **valle** de Arán está en el Pirineo leridano y es el paso natural entre España y Francia.

- El **lago** más grande que hay en España es el de Sanabria, en la provincia de León.

- Benidorm es un gran centro turístico situado en el centro de la Costa Blanca, y con dos extensas **playas** de 3 km cada una.

- La **montaña** más alta de la península Ibérica es el pico del Mulhacén, en Sierra Nevada, provincia de Granada.

- **Sierra** Nevada está a 35 km de Granada y tiene la estación invernal más meridional de Europa.

- Ibiza es la segunda **isla** en extensión de las Baleares, situada frente a las costas de Valencia, en pleno Mediterráneo.

- El **cabo** Finisterre es el más occidental de España. Está en la costa de la provincia de La Coruña, en Galicia.

Ejercicio 3

1. **¿Qué sabe usted de España?**
   - Bueno, sé que es un país bastante grande. Tiene 500.000 km cuadrados de extensión y casi 5.000 km de costas, con multitud de playas.

2. **¿Cuál es la frontera natural con Francia?**
   - Los Pirineos, una larga cadena de montañas de 430 kilómetros de largo.

3. **¿Sabe los nombres de los tres mares que bañan las costas españolas?**
   - Sí, el Cantábrico, al norte; el Mediterráneo, al este y sur; y el Atlántico al sur y oeste.

4. **¿Dónde están las islas Canarias?**
   - Están frente a la costa occidental de África, a unos 1.100 km al sur de Cádiz.

5. **¿Sabe usted qué es el Ebro?**
   - Sí, es el río que lleva más agua de España, y pasa por Zaragoza.

6. **¿Qué regiones conoce usted?**
   - Conozco Aragón, Cataluña, Galicia y Castilla.

7. **¿Cuántos idiomas se hablan en España?**
   - Cuatro: el castellano en todo el país; el catalán en Cataluña; el gallego en Galicia, y el vasco en Euskadi o País Vasco.

UNIDAD 5.

Ejercicio 1

- ¿Por favor, cuántos trenes diarios hay para Bilbao?

- ¿El talgo tiene servicio de restaurante?

- ¿Cuál es su hora de salida?

- ¿A qué hora llega a Bilbao?

- ¿Cuánto tarda?

- ¿El expreso lleva coches-cama o sólo literas?

- ¿Qué diferencia de precio hay entre 1ª y 2ª clase?

Ejercicio 2

- Coja la nacional IV desde Madrid hasta Manzanares. Al llegar a Manzanares tuerza a la derecha por la 430. ¿A qué capital llega primero? *(Ciudad Real).*

- Usted circula por la nacional I, desde San Sebastián hacia el sur. Cuando llega a Burgos, toma la carretera de la derecha, dirección suroeste. ¿A qué capital de provincia llega usted? *(Valladolid).*

- Usted empieza el viaje en Lisboa para coger la nacional V en Badajoz. Al llegar a Mérida coge la carretera hacia el norte. ¿A dónde va? *(Cáceres).*

- Usted va por la nacional VI desde Madrid y quiere ir a León. ¿Qué debe hacer? (*Al llegar a Benavente hay que torcer a la derecha.*)

Ejercicio 4

Diálogo:

Agente: ¡Buenas tardes, señor!
Señor: Buenas tardes. Quiero presentar una denuncia.
Agente: Muy bien. Dígame.
Señor: Esta mañana he ido a alquilar un coche.
Agente: ¿A qué agencia?
Señor: A la agencia "A su servicio".
Agente: ¿Dirección?
Señor: Calle San Gabriel, nº 22.
Agente: ¿Y qué paso?
Señor: Bueno, alquilé un coche pequeño, un Ford Fiesta, por dos días, y pagué por adelantado.
Agente: ¿Y luego?
Señor: Salí de viaje y, por la tarde, en la carretera, me paró la policía, me pidieron la documentación del coche y me dijeron que el coche era robado.
Agente: ¿Ah, sí? ¿Y qué hizo usted?
Señor: Alquilé un taxi y volví a la agencia, pero cuando llegué vi que no existía. Ha sido un timo.
Agente: ¿Cuánto dinero le cobraron?
Señor: 15.000 ptas.
Agente: ¿Tiene usted el recibo?
Señor: Sí, aquí está.
Agente: ¿Quiere firmar aquí, por favor?

UNIDAD 6.

Ejercicio 1

- El hotel Indalo es un gran hotel de 3 estrellas, muy moderno y con más de 200 habitaciones, todas dobles, situado en primera línea de playa. El precio de la habitación por noche es de 6.300 ptas. para dos personas y 4.500 para una persona, en temporada alta, de junio a septiembre. Todas las habitaciones cuentan con cuarto de baño completo, TV, teléfono y aire acondicionado. El hotel posee un magnífico servicio de bar-restaurante, piscina climatizada y discoteca.

- El Parador Nacional es un establecimiento hotelero de tipo medio dentro de la red nacional. Su categoría es de tres estrellas. Es un edificio de reciente construcción situado también en primera línea de playa. Tiene 65 habitaciones dobles y 20 sencillas. Los precios oscilan entre 7.000 y 5.000 ptas. en temporada alta; desayuno incluido. Todas las habitaciones tienen música ambiental, TV, teléfono y cuarto de baño completo. El Parador posee piscina y un amplio jardín. El bar y el restaurante ofrecen buenas calidades a precios justos.

Ejercicio 2

- Hotel Indalo, dígame.
- Buenos días. Yo quería una habitación para unos días en julio.
- ¿Qué fechas exactas, señor?
- Del cuatro al ocho.
- ¿Cuatro noches?
- Sí, eso es.
- Un momento, señor. ¿La quiere doble o individual?
- La quiero doble.
- Muy bien, señor. ¿Quiere decirme su nombre?
- Sí. Antonio Gascón García. ¿Me dice el precio por noche?
- Son 7.000 ptas. más IVA.
- ¿Está incluido el desayuno en el precio?
- Sí, señor.
- ¿El hotel tiene piscina?
- Sí, y también acceso directo a la playa.
- Muy bien. Gracias y adiós.

Ejercicio 3

Cuando estoy de vacaciones me gusta levantarme temprano, a las siete o siete y media de la mañana. Tomo un desayuno ligero, un zumo de naranja frío, un café con leche muy caliente y una o dos tostadas con mantequilla.

Luego me doy una buena ducha, no me afeito, me pongo ropa cómoda, unas zapatillas de deporte y un chandal, y me voy a hacer deporte o a dar una vuelta por el campo o la playa. Nunca leo el periódico.

Ejercicio 4

- ¿Cómo le gusta a usted pasar las vacaciones?
- Yo prefiero hacer camping porque es bastante barato, si tienes todo el equipo. A mi familia le gusta mucho el campo, sobre todo en verano.
- ¿Y qué opina de las comidas?
- No hay ningún problema. A mí y a mi mujer nos encanta cocinar, y además, así estamos más seguros de que comemos sólo lo que nos gusta.
- ¿Y qué hacen ustedes todo el día en el camping?
- Lo pasamos muy bien. Los niños hacen amigos enseguida con los hijos de otros campistas y nosotros también encontramos siempre gente agradable con nuestras mismas opiniones.
- ¿Pero qué pasa cuando hace mal tiempo?
- Es muy difícil que haga mal tiempo en este país, y en verano.
- ¿No hay peligro de que los campings que visitan estén llenos y no

encuentren plaza?

- A veces sí, pero lo normal es que no haya problemas. Casi nunca es necesario reservar plaza, ni siquiera en la temporada alta.

UNIDAD 7.

Ejercicio 1

- ¿Han elegido ya, señores?

- Sí, tome nota, por favor.

- ¿Dígame, señora?

- Yo quiero, de primero, unos entremeses. Luego una tortilla de gambas y un filete de ternera.

- ¿Qué desea de postre?

- Tráigame un zumo de naranja.

- ¿Usted, señor?

- A mí me va a traer una ensalada mixta y besugo al horno. De postre quiero un poco de queso manchego.

- ¿Y usted, señor?

- No estoy totalmente decidido, pero creo que voy a pedir unos espárragos con mayonesa y la paella.

- ¿Tomará algo de postre?

- Sí. Arroz con leche, por favor.

- Muy bien. ¿Qué van a beber?

- Pues traiga tres cervezas para empezar y luego una botella de vino de la casa.

- ¿Blanco o tinto, señor?

- Tinto. ¡Ah! y también una botella de agua mineral con gas.

- Gracias y buen provecho, señores.

Ejercicio 2

- En los cuatro sectores de esta rueda están representados los principales alimentos que tomamos.

- En la sección de color blanco se incluyen los alimentos ricos en proteínas, que sirven para formar los tejidos: leche, queso, yogur, carnes, huevos y pescado.

- En la sección verde están algunos alimentos que aportan un poco de todos los elementos: patatas, legumbres y frutos secos.

- En la parte roja están los alimentos que proporcionan calorías: pastas, arroz, pan, azúcar, aceite, tocino y mantequilla.

- Por último, en la sección amarilla se incluyen los alimentos ricos en vitaminas; fundamentalmente, verduras y frutas.

Ejercicio 3

Las características de estos locales son:

1. La comida y los platos están…
2. Los clientes deben coger primero…
3. La gente coge los platos y bebidas…
4. Se paga, al final del mostrador, a …
5. No hay listas de …
6. Tampoco hay…

UNIDAD 8.

Ejercicio 1

- En este bar sirven unos bocadillos muy buenos y muy baratos.

Escuche la lista de precios:

El bocadillo de atún es el más barato, cuesta sólo 100 ptas. El de salchichón cuesta 25 ptas. más. El de jamón es el más caro, 175 ptas. más que el de salchichón. El de tortilla cuesta 15 ptas. más que el de atún. El de chorizo cuesta igual que el de salchichón. El de queso está en la mitad justa entre el de jamón y el de atún, y el de calamares cuesta 20 ptas. menos que el de queso.

Ejercicio 2

- Me gustan más los callos de ternera que los de vaca.

- Tomamos unos calamares fritos recién pescados.

- El mejor jamón serrano es el del cerdo ibérico.

- La morcilla también se obtiene del cerdo.

- En la huerta de Murcia se cultivan magníficos pimientos verdes.

- Las mejores gambas vienen del Mediterráneo.

- En las rías gallegas hay grandes criaderos de mejillones.

- Los barcos de Almería trajeron varios pulpos.

Ejercicio 3

Camarero:	¿Qué va a ser, señora?
Señora:	Quiero desayunar.
Camarero:	¿Desayuno completo?
Señora:	Sí, pero no quiero churros.
Camarero:	¿Prefiere algo de bollería?
Señora:	¿Qué tienen?
Camarero:	Hay suizos, ensaimadas y magdalenas.
Señora:	Póngame una ensaimada.
Camarero:	Muy bien. ¿El café en taza grande?
Señora:	Sí, pero poco cargado de café.
Camarero:	¿Algún zumo?
Señora:	Sí, un zumo de naranja natural.

Ejercicio 5

- ¿Qué significa una "caña"?
- Es un vaso de cerveza de barril.
- ¿Cómo? ¿Qué quiere decir "de barril"?
- Que no está en botella.
- No comprendo, ¿quiere repetir?
- Sí, que se sirve directamente del grifo.
- Ah, ya entiendo.
- ¿Y cuál es la diferencia entre un "chato" y un "vaso"?
- "Chato" es una palabra coloquial que significa vaso pequeño.
- ¿Qué es un "solo" y un "cortado"?
- Un "solo" es un café puro, sin leche, y un "cortado" es un café con una mínima cantidad de leche.
- Cuando la gente pide una de calamares, ¿qué quiere decir "una"?
- "Una" se usa para indicar "una ración".
- ¿Y qué es una ración?
- Una ración es un plato, una porción, una cantidad limitada de un producto.
- Exactamente, eso es.

UNIDAD 9.

Ejercicio 1.

- Juana empezó a estudiar francés e inglés a los ocho años y ahora los domina a la perfección. También tiene un año de alemán, aunque sólo puede leerlo y entenderlo un poco, y sabe italiano: lo entiende y lee muy bien, pero sólo lo habla y escribe regular.
- Eduardo es un mal estudiante de lenguas. Después de seis años de vivir en Arabia Saudí sólo lee y entiende un poco de árabe. El alemán lo habla y lo escribe un poco mejor.
- Eva es políglota. Conoce seis idiomas. El chino y el japonés, perfectamente. El ruso y el árabe, regular; entiende un poco de italiano y escribe muy bien el francés.

Ejercicio 2

- error, japonés, llamar, políglota, examen, Paraguay, hijo.

Ejercicio 3

Profesor:	Bien, hoy vamos a hablar sobre "hábitos lingüísticos"
Alumno A:	¿Cómo se escribe "hábitos"?
Profesor:	Se escribe con "ache".

Alumna B:	¿"Lingüístico" se escribe con dos puntos sobre la "u"?
Profesor:	Claro. Ésa es la manera de indicar que la "u" se pronuncia.
Alumno C:	Yo oigo mucho la expresión "vale". ¿Qué quiere decir?
Profesor:	Significa "de acuerdo", "está bien".
Alumno C:	¿Y cuál es la diferencia entre "vale" y "bueno"?
Profesor:	Son dos expresiones sinónimas para indicar aceptación.
Alumna B:	Por favor, ¿puede repetir la palabra "hábitos"? No la comprendo.
Profesor:	Sí. HÁ-BI-TO. Significa "uso habitual".
Alumna B:	¿Puedo usar la palabra "costumbre" para decir "hábito"?
Profesor:	Sí, naturalmente. Significa lo mismo.
Alumno A:	¿Y cómo se dice en español lo contrario, que no estoy de acuerdo con lo que dice o propone una persona?
Profesor:	Hay varias expresiones: "ni hablar", "nada de eso", "en absoluto", "claro que no".

Ejercicio 5

- Se pronuncia e-xul-ce-rar.
- Se escribe: e, equis, u, ele, ce, e ,ere, a ,ere.
- Es un verbo.

- Se pronuncia guai-ra.
- Se escribe: ge, u, a, i, ere, a.
- Es un nombre (sustantivo).

- Se pronuncia li-na-je.
- Se escribe: ele, i, ene, a, jota, e.
- Es un sustantivo.

- Se pronuncia zo-pen-co.
- Se escribe: ceta, o, pe, e, ene, ce, o.
- Es un adjetivo.

Ejercicio 16

1.	- casa/ caza.
2.	- Pero/ perro.
3.	- voy
4.	- calle

UNIDAD 10.

Ejercicio 1.

Visite las plantas 1ª y 2ª. ¡Grandes rebajas!. Ofrecemos vestidos de señora a 3.000 ptas. Ropa interior de señora desde 400 pesetas. Blusas, desde 1.000 ptas. y faldas de todas las tallas y colores a 1.500.

En la sección de zapatería puede usted encontrar un amplio surtido de modelos de tacón alto y bajo, desde 1.800 ptas. Nuestra sección de caballeros ofrece grandes descuentos en chaquetas sport, pantalones y trajes, desde 5.000, 2.000 y 9.000 ptas. Camisas de algodón y lana, a 1.200, y corbatas de seda natural a 2.000 ptas.

Puede usted pagar con todo tipo de tarjetas de crédito.

Ejercicio 2

- La toalla es blanca.
- El abrigo es negro.
- Los calcetines son azules.
- La corbata es roja.
- Las medias son grises.
- El jersey es verde.
- El sombrero es amarillo.
- La cartera es marrón.

Ejercicio 3

- Si Pepe es mayor que Paco, Pepe no puede ser el más pequeño (ponga "NO" en la casilla 1) y Paco no puede ser el mayor (ponga "NO" en la casilla 6).

- Si Pipo no es el más pequeño, ponga "NO" en la casilla 7. Pero si Pepe y Pipo no son los más pequeños, entonces el más pequeño debe ser Paco (ponga "SÍ" en la casilla 4). Y si Paco es el más pequeño, no puede ser el del centro. (ponga "NO" en la casilla 5).

- Pepe no es tan grande como Pipo; así que Pepe no puede ser el mayor (ponga "NO" en la casilla 3); por tanto debe ser el del centro (ponga "SÍ" en la casilla 2).

- También debe poner "NO" en la casilla 8 puesto que Pipo no puede ser el de en medio. (ponga "SÍ" en la casilla 9).

- Así que Pipo debe ser el mayor (ponga "SÍ" en la casilla 9).

Ejercicio 6

1. - ¿Qué te parece este programa?
   - A mí no me gusta nada. Me parece horrible ¿Y a ti?
   - A mí tampoco me gusta. Es un programa que no tiene ningún interés.

2. - Este libro que estoy leyendo es apasionante.
   - Pues éste es una novela de aventuras muy interesante. Me encanta el estilo.

3. - ¡Qué vestido más bonito! ¡Me sienta muy bien!
   - Éste es un poco atrevido, pero me gusta mucho y además está muy bien de precio.

4. - A mí me relaja mucho jugar al tenis por la mañana.
   - A mí también. Es un deporte muy completo y se puede jugar al ritmo que quieras ¡Es estupendo!

UNIDAD 11.

Ejercicio 1

- Por favor ¿está Carmen?
- ¿De parte de quién?

- Soy David.
- Sí, un momento
- Gracias.

- Aquí no vive ninguna Carmen.
- Lo siento, perdone.
- De nada, no tiene importancia.

- No ha llegado todavía.
- ¿Sabe cuando llegará, por favor?

- Sobre las once.
- ¿Puedo llamarla a esa hora?
- ¿Quiere dejar algún recado?
- Bueno, dígale que le llamó David.

- Buenos días, quería hablar con Don Jesús Martínez.

- No se retire, le pongo.
- Gracias.
- Lo siento, está en una reunión ¿Puede llamar más tarde?
- Sí, muchas gracias, llamaré más tarde.
- Está de viaje, ¿quiere dejar algún mensaje?
- Sí, gracias. Dígale, por favor, que le llamó David Martín.
- Está en el extranjero, no volverá hasta la semana que viene.
- Bueno, muchas gracias, le llamaré la semana que viene.

Ejercicio 2

- ¿Sabe usted si hay algún teléfono por aquí cerca?
- Hay una cabina a la vuelta de la esquina, pero en ese bar de ahí tienen teléfono.
- Hola, buenos días.
- Hola, buenos días, ¿qué va a tomar?
- Un cortado. ¿Dónde está el teléfono, por favor?
- Baje las escaleras y a la izquierda.
- ¿Me deja la guía, por favor?
- Ahí al lado la tiene.
- ¡Ah! Está comunicando, tendré que esperar.

UNIDAD 12.

Ejercicio 1

- Hola, Marta, buenos días, ¿qué tal?
- Fatal, me encuentro fatal.
- Mujer, no será para tanto. No tienes mala cara. ¿Qué te pasa?
- Eres muy amable, Pilar; pero estoy pálida y tengo dolor de cabeza.
- ¿Has dormido bien?
- No, he dormido mal, y, claro, tengo sueño también.
- ¿Qué te parece si tomamos un café?

Ejercicio 2

- Hola, buenas noches.
- Buenas noches, ¿qué desea?

- Quería algo contra el dolor de muelas.
- ¿Para usted?
- Sí, sí, para mí. Me duelen mucho.
- Mire, estos comprimidos se venden mucho. Creo que le vendrán muy bien.
- Muchas gracias. A ver si sirven.
- Ahora, que si le siguen doliendo debe ir al dentista.
- Sí, yo también creo que hay que ir al dentista cuanto antes.
- Bueno, hasta la vista.
- Hasta luego, que se mejore.?

UNIDAD 13.

Ejercicio 1

- Comencé la enseñanza primaria en un colegio en Granada y continué en Francia porque mis padres se fueron a París.
- ¿Enseñanza pública o privada?
- Estudié en ambas.
- ¿Terminó los estudios secundarios en Francia?
- No, volvimos a España e hice COU en un instituto.
- ¿Y luego?
- Aprobé la selectividad en la Universidad Complutense y empecé a estudiar Ciencias de la Información.
- ¿Qué piensa hacer en el futuro?
- Todavía no lo tengo muy claro pero creo que me voy a dedicar a alguna cuestión de relaciones internacionales.
- ¿Qué lenguas habla usted?
- Al hacer la enseñanza en Francia, hablo francés bien; también hablo inglés y ahora estudio alemán en Munich.
- ¿Algún idioma más?
- ¡Ah, sí! Me gusta mucho el italiano. Siempre que puedo me voy a Italia a practicarlo.
- Hice mis estudios en un colegio privado en Madrid.
- ¿Religioso?
- No, era privado pero no era religioso.
- ¿Terminó allí la enseñanza media?
- Casi toda, pero el COU lo hice en los Estados Unidos.
- ¿Dónde?

- En Syracuse, estado de Nueva York.
- ¿Y después?
- Comencé a trabajar en una agencia de viajes.
- ¿Qué lenguas extranjeras habla usted?
- El inglés lo estudiábamos muy bien en el colegio; luego el año de los Estados Unidos me sirvió para dominarlo. También he pasado dos veranos en Francia.
- ¿Dónde?
- En Montpellier.
- ¿Y qué tal habla el francés?
- Creo que puedo defenderme.
- ¿Qué piensa hacer en el futuro?
- Me gusta el trabajo que hago, pienso continuar con él de momento.

UNIDAD 14.

Ejercicio 1

1. - Me llamo Ángeles. Soy médico y trabajo en un hospital. Voy en autobús al trabajo pero si me toca hacer guardia de noche, entonces tengo que coger el coche. Cuando estoy en el hospital, hago allí todas las comidas.

2. - Yo me llamo Pepe. Empiezo mi trabajo a las ocho y media, pero el banco está muy cerca de mi casa y así no tengo que levantarme muy temprano porque voy siempre a pie y tardo unos diez minutos. En la esquina de casa hay un quiosco y allí compro el periódico. Como en una cafetería al lado del banco.

3. - Yo soy Miguel. Trabajo en un garaje. Voy siempre en coche porque vivo lejos y tardo en llegar unos tres cuartos de hora. Termino a las cinco de la tarde. Como en un bar cerca del taller.

4. - Me llamo Mª Cruz y trabajo en una compañía de seguros. Todos los días me tengo que levantar a las siete de la mañana porque debo estar en la oficina a las ocho y media. Tengo que coger el metro porque vivo un poco lejos del trabajo. El viaje dura aproximadamente media hora pero voy siempre leyendo y el tiempo se me pasa en seguida. Termino a las cinco y media de la tarde. Como cerca de la oficina, en un restaurante.

Ejercicio 3

- (Ángeles) Mi trabajo en el hospital a veces parece difícil, incluso duro, pero creo que siempre es muy interesante y además los compañeros suelen ser personas agradables.
- (Pepe) Mi trabajo en el banco es fácil. De vez en cuando hay algo complicado, pero en general no hay problemas. A veces

puede ser incluso aburrido pero los compañeros son muy simpáticos.

- (Miguel) Mi trabajo en el garaje a veces es sencillo y seguro, pero otras veces puede ser molesto y hasta peligroso.

- (Mª Cruz) Mi trabajo en la oficina es sencillo y agradable. Sólo algunas veces el jefe se pone antipático y todo se vuelve desagradable, pero eso no ocurre con frecuencia.

UNIDAD 15.

Ejercicio 1

1. - Pie derecho adelante, pie izquierdo atrás.
   Vamos a ver: otra vez, pie derecho adelante, pie izquierdo atrás.

2. - Ahora, manos arriba, manos abajo; así, muy bien, brazos arriba, brazos abajo.

3. - Muy bien; inclinación a la derecha, inclinación a la izquierda, eso es; un poco más, otra vez, inclinación a la derecha, así, ahora a la izquierda, muy bien.

4. - Torso hacia abajo, así, inclinación hacia abajo, lentamente, despacio, muy bien y…

5. - Ahora subir rápidamente, muy bien, hay que hacerlo deprisa. Otra vez… abajo despacio, rápidamente arriba.

Ejercicio 2

1. - A mí me gusta mucho andar; todos los fines de semana me voy a la sierra y ando bastantes kilómetros. Me lleno de oxígeno para el resto de la semana.

2. - Yo hago gimnasia todos los días y eso me permite estar en forma.

3. - Cuando termino el trabajo por la tarde, me voy a una piscina y nado bastante. Me sienta muy bien.

4. - A mí me gusta mucho el fútbol. Los domingos veo todos los partidos. Prefiero el sillón al estadio.

5. - Tengo mucho trabajo pero siempre que puedo me voy a jugar al tenis. Al no estar entrenado me canso mucho.

6. - Tengo una bicicleta en el cuarto de baño y hago ejercicio con regularidad. Me viene muy bien para no engordar.

UNIDAD 16.

Ejercicio 1

A. Pues a mí no me gusta nada la música clásica.

B. No me lo puedo creer.

A. ¿Cómo? ¿Que no me crees?

B. Sí, yo te creo siempre, tonto, pero me parece que exageras un poco.

A. No soy nada exagerado, sólo te digo que la música clásica es un aburrimiento, que es muy pesada y que eso no me gusta.

B. Bueno, mira, voy a ponerte un poco de música, escucha.

A. Es igual, no me va a gusta nada.
(Boccherini : *Fandango*.)

B. ¿Qué te parece esto? ¿Qué opinas ahora? ¿Te gusta?

A. Bueno eso es distinto; no está mal; se puede escuchar. ¿De cuándo es esa música?

B. De finales del siglo XVIII.

A. Bueno, de acuerdo, ese trozo está bien, pero seguro que no hay muchos así.

B. Vamos a ver que piensas de éste.
(Schubert : *La trucha*).

A. Oye, eso es muy alegre, muy bonito; por supuesto que me gusta mucho. ¿Quieres volver a ponerlo?

B. Naturalmente, encantada. (Se vuelven a escuchar los compases.)

A. Me parece que vas a tener razón. Esto, claro que me gusta. ¿De cuándo es?

B. Del XIX.

A. Voy a tener que cambiar de opinión. ¿Tienes algo más así de bonito?.(Vivaldi : *Introducción al dixit*).

A. Eso es maravilloso. ¡Qué bonito! Creo que antes de opinar voy a tener que enterarme un poco de muchas cosas.

B. Sí, mi vida sí; tú siempre tienes razón.

UNIDAD 17.

Ejercicio 1
Retrasmisión deportiva.

Viernes 7. Tres de la tarde. Tenis. Copa Davis. Retransmisión en directo de la segunda ronda de la Copa Davis de tenis entre los equipos de Yugoslavia y España. Hoy comienzan los encuentros individuales a las 15 horas. El sábado a partir de las 14 continuan los individuales. Todos los partidos serán retransmitidos en directo por TVE-2 desde Split (Yugoslavia).

A	B
- Ni idea. No tengo ni idea.	- No lo sé con seguridad.
- No lo sé, lo siento.	- Sí, me parece que sí.
- No estoy seguro.	- No sé nada.
- Sí, sí, claro.	- Por supuesto que sí.
- ¡Y yo qué sé!	- Me parece que no.
- No tengo ni idea.	- Naturalmente que sí.

Ejercicio 2

1. ¿Sabes si la retransmisión de tenis es en directo o en diferido?
2. ¿Has oído de qué equipos se trata?
3. ¿Hay algo de deporte en la tele hoy?
4. Lo han dicho en la tele.
5. ¿Dicen algo en el periódico?
6. ¿Han dicho si eran partidos individuales?

UNIDAD 18.

Ejercicio 1

- ¿Lees el periódico todos los días?
- Casi todos los días; por lo menos lo miro por encima.
- Y los días que no lo lees, ¿por qué?
- Porque no se compra en casa o porque no tengo tiempo.
- ¿Qué es lo primero que lees en el periódico?
- El pie de foto de la portada.
- ¿Y luego?
- La otra noticia importante que está al lado de la foto. Bueno, eso depende de la maquetación del periódico. En el que yo leo hay una noticia importante al lado de la foto.
- ¿Y después?
- Después la sección internacional.
- ¿Completa? ¿La lees toda?
- No, la primera noticia sólo. Bueno, miro por encima los principales títulos y leo lo que más me interesa.
- ¿Ya está? ¿ Lees algo más?

- Sí, luego leo las secciones especiales que puedan venir en el interior del periódico y después, deporte y cultura.
- Y de las secciones especiales, ¿cuáles te interesan más?
- La del futuro, educación, temas de nuestra época y también la de libros.
- ¿Qué opinión tienes sobre el periódico que lees?
- Yo creo que da demasiada información y hay artículos discutibles.
- ¿Por qué lo lees entonces?
- Yo creo que eso les pasa a todos. Además a mí me parece el mejor.

Ejercicio 3

- ¿Lees el periódico todos los días?
- Más o menos todos los días, pero el de hoy, no.
- ¿Por qué?
- No me ha dado tiempo todavía.
- ¿Qué es lo primero que lees en el periódico?
- ¿Te lo digo de verdad? La sección de Gente que está al final del periódico. Luego voy de atrás para delante.
- ¿Y qué es lo que lees?
- Salvo deporte, casi todo; los premios que han dado, los cumpleaños, a veces la gente que ha muerto. Ahora ya no hago el crucigrama; antes, sí; tenía más tiempo.
- ¿Entonces lo lees todo?
- No, no. En general me salto lo internacional, sólo leo los titulares. Salvo si hay algo muy interesante.
- ¿Y qué temas te interesan más?
- Los artículos de economía, si aparece algo de las grandes empresas nacionales y todo lo que pone de los bancos y también lo que se refiere a temas laborales en general.
- ¿Por qué?
- Porque trabajo en un banco, son aspectos interesantes y me convienen para mi carrera.
- ¿Hay alguna otra cosa que leas?
- Sí, no leo los sucesos, miro sólo los titulares.
- ¿Lees las secciones especiales?
- A fondo no; pero me interesan la de los libros, los espectáculos y la sección de educación.

UNIDAD 19.

Ejercicio 1

- En plena llanura castellana, a 655 m. de altitud, está situada Madrid, capital de España. De clima soleado y seco, es una de las ciudades europeas con mayor número de días de cielo limpio al año. Las temperaturas medias van desde los 30 grados durante la época veraniega, a los 10 grados en los meses de invierno.

- Málaga, situada en la costa mediterránea, capital de la Costa del Sol, tiene una temperatura media anual superior a los 18 grados. Las lluvias se producen casi exclusivamente del otoño a la primavera. Los días cubiertos son sólo unos 40 al año; durante 195 días, el cielo carece por completo de nubes.

- Santiago de Compostela, antigua capital del reino de Galicia y actual sede de la Junta de Galicia, está situada al noroeste de España, a 260 m. de altura y a 35 km. de la costa. De clima atlántico, las máximas precipitaciones se producen en enero, 180 mm., y las mínimas en agosto, 40 mm.

Ejercicio 2

■ EUROPA.-El tiempo será variable en los países escandinavos con nubosidad en la zona sur. Los cielos estarán muy nubosos en las Islas Británicas con algunas lluvias en la mitad sur y ambiente frío. Muy nuboso en Holanda, Bélgica, Francia y se producirán lluvias en la zona del Cantábrico. Tiempo variable en el resto de la península Ibérica con un nuevo descenso de las temperaturas. Habrá nevadas en los Pirineos y los Alpes. Muy nuboso en la península italiana y se registrarán algunos chubascos en Yugoslavia, Grecia y zonas próximas. El tiempo seguirá siendo variable en Canarias.

UNIDAD 20.

Ejercicio 1

- ¿Cuándo te vas a tomar las vacaciones?
- Me parece que en el mes de agosto.

- ¿Y qué piensas hacer?

- No lo tengo claro todavía, podías ayudarme.

- Bueno, yo tengo alguna idea, pero vamos a pensarlo juntos.

- ¿Tienes alguna sugerencia?

- Sugiero que pensemos en vacaciones diferentes, no en las corrientes de irse a la playa y todo eso.

- De acuerdo; además, en agosto, en la playa hace calor y hay mucha gente.

- Claro, y además nosotros tenemos el sol casi todo el año.

Ejercicio 2

- Pues yo propongo que nos vayamos al norte.

- Muy bien, y del norte, ¿qué te gusta más?

- A mí me gusta todo. Podíamos irnos a las rías gallegas.

- O hacer un recorrido a caballo por Asturias.

- ¿Y qué piensas de irnos a andar por la montaña en Cantabria?

- Bueno, ¿o de quedarnos tranquilamente a descansar en el País Vasco?

- Se me está ocurriendo una idea extraordinaria.

- ¿Sí? ¿De movernos o de descansar?

- Más bien de movernos.

- Estupendo. A ver qué idea.

- Podíamos hacer el camino de Santiago.

- ¡Fantástico! Sería magnífico poder recorrerlo a pie.

- Claro que es posible, seguro que sí.

- En todo caso podemos prepararlo para hacerlo a pie y si en algún momento nos vamos cansando…

- Cogemos el autobús, un tren, una bicicleta…

- O nos quedamos a descansar en algún sitio.

GLOSARIO

Palabra	Unidad

A

Palabra	Unidad	Palabra	Unidad	Palabra	Unidad	Palabra	Unidad
a	1	agosto	20	ambos	3	aquí	2
abajo	3	agradable	1	americano	16	árabe	1
abandonar	15	agradecer	1	amigo, el	1	Aragón	1
abolengo	9	agreste	1	amplio	20	árbitro, el	15
abonar	11	agrícola	2	amueblado	2	archipiélago, el	4
abrigo, el	10	agricultura, la	9	Andalucía	1	área, el	3
abril	4	agua, el	2	andaluz	7	Argelia	19
abrir	2	agua mineral, el	7	andar	10	Argentina	15
abuelo, el	9	agudo	12	andino	12	armario, el	20
abundante	7	agujero, el	15	anillo, el	15	armonizar	15
aburrido	10	ahora	6	animado	15	arquitectura, la	16
aburrimiento, el	16	aire, el	10	animar (se)	15	arriba	3
abuso, el	12	aislado	3	antena, la	2	arrimar	2
acabar de	14	ajeno	3	antena parabólica, la	17	arroz, el	7
acaparar	20	al	1	antes	3	arroz con leche, el	7
a cargo de	14	a la plancha	7	antiarrugas	12	arte, el	20
acceso, el	6	a largo plazo	18	anticiclón, el	19	artes marciales, las	14
accidente, el	12	a la vista	7	antiguo	9	ártico	14
aceite, el	7	albañil, el	14	antipático	1	artículo, el	10
acentuación, la	9	albergar	15	anuncio, el	18	artístico	13
aceptar	4	alcance, el	17	añadir	8	asado, el	7
a continuación	18	alcanzar	14	año, el	1	ascendiente	9
acordarse	15	alcohol, el	12	a oscuras	12	ascenso, el	19
acostarse	6	alegrarse	1	aparato, el	3	ascensor, el	2
actividad, la	13	alegre	1	aparato telefónico, el	3	asear (se)	6
activo	12	alegría, la	15	aparcamiento, el	3	aseo, el	7
actor, el	9	alemán	3	aparcar	20	así	9
actuación, la	16	alerta	5	aparecer	11	asiento, el	15
actualidad, la	17	alfombra, la	2	apartado, el	18	asignatura, la	13
actuar	9	algo	3	apartamento, el	2	así que	11
adelantar	3	algodón, el	10	a partir de	12	asistencia, la	5
adelante	1	alguien	1	apellido, el	1	asistir	13
adiós	1	algún	7	apendicitis, la	12	aspirina, la	3
administrativo, el	14	Alicante	2	aperitivo, el	6	asustar (se)	12
adosado	2	alimentación, la	12	apertura, la	16	atención, la	9
adulto	12	alimento, el	7	apetecer	3	Atlántico	19
a escondidas	3	al lado de	18	apetitoso	8	atracción, la	6
a espaldas de	3	almacenar	16	a pie	13	atractivo, el	20
a favor de	16	almacén, el	6	aplanar	10	atravesar	10
afección, la	12	al menos	8	aplicar (se)	3	a través de	17
afectar	12	a lo largo de	16	aportar	7	atún, el	8
afeitar (se)	10	alquilar	2	apoyo, el	11	auditorio, el	13
afición, la	7	alquiler, el	5	apreciado	7	aumentar	12
afirmación, la	17	al revés	7	aprender	9	aún	20
afueras	2	alto	1	aprisa	9	aunque	19
agencia, la	3	altura, la	6	aprobado	4	auténtico	10
agencia de seguros, la	14	alumno, el	9	aprobar	13	autobús, el	3
agencia de viajes, la	3	allí	5	aprovechar	10	autóctono	9
agitado	12	amable	1	apto	18	automático	7
		amargo	13	apuntar (se)	20	automóvil, el	18
		amarillo	10	aquel	5	autonómico	17
		amazónico	12	aquello	2	avanzado	15

Palabra	Unidad
aventura, la	20
avería, la	6
avión, el	3
ayer	4
ayuda, la	1
ayudante, el	14
ayudar	9
ayuntamiento, el	3
azul	5

B

Palabra	Unidad
bacalao, el	7
bachillerato, el	13
bailar	17
bajo	10
baloncesto, el	13
balón, el	15
banco, el	3
bandeja, la	7
bañador, el	10
bañar (se)	3
baño, el	6
barato	8
bar, el	6
barnizado	2
barra, la	8
barril, el	8
base, la	12
básico	18
bastante	12
bastar	9
bastón, el	15
beber	7
bebida, la	7
belleza, la	6
bello	16
besar	20
beso, el	9
besugo, el	7
biblioteca, la	13
bicicleta, la	10
bien	1
bien/mal comunicado	2
bilingüe	17
billete, el	3
blanco	2
blusa, la	10
bocadillo, el	8

Palabra	Unidad
boca, la	1
Bolivia	11
bolso, el	3
bollería, la	8
bonito	10
borrasca, la	19
botellín, el	7
¡bravo!	15
brazo, el	15
breve	18
británico	19
bruto	9
buenas tardes	1
bueno	1
buenos días	1
buscar	3
butaca, la	2

C

Palabra	Unidad
cabalgar	20
caballero, el	7
cabeza, la	1
cabida, la	15
cabina, la	11
cabo, el	4
cada	7
cadena, la	4
café, el	3
café con leche, el	8
café cortado, el	8
cafetería, la	9
caído	18
cajero, el	7
cajero automático, el	11
calamar, el	8
calcetín, el	10
calculadora, la	13
calefacción, la	2
calefactor, el	14
calentar	8
calidad, la	7
cálido	10
caliente	2
calor, el	16
caloría, la	7
calzado, el	10
callado	15
calle, la	1
callos, los	8

Palabra	Unidad
cama, la	2
camarero, el	4
cambiar	3
camino, el	20
camisa, la	10
camiseta, la	10
camping, el	6
campo, el	6
campo de golf, el	20
canal, el	2
canal de televisión, el	17
canción, la	1
cantar	15
cante, el	3
cantidad, la	3
caña, la	7
caña de azúcar, la	16
caña de cerveza, la	7
capacidad, la	2
capa, la	12
capital, la	4
carácter, el	13
característica, la	6
caracterizar (se)	17
cara, la	10
carbón, el	3
carga, la	20
cargar	8
caribeño	12
carne, la	7
carnet, el	5
carnet de conducir, el	5
caro	7
carrera, la	16
carretera, la	5
carta, la	3
cartera, la	3
casado	1
casa, la	1
casero, el	9
casi	8
casi nunca	18
castellano	7
castillo, el	4
catalán	7
catarro, el	12
catedral, la	3
categoría, la	6
caudaloso	2
CEE	18
celebrar (se)	3
cenar	7

Palabra	Unidad
cenicero, el	5
centollo, el	7
central	2
centroamericano	13
centro, el	2
cerca	2
cerca de	16
cerdo, el	7
cereal, el	4
cerrado	1
cerrar	14
certificado (correos), el	11
cerveza, la	3
ciclo, el	19
cielo, el	19
ciencia, la	13
ciencias empresariales, las	14
ciencias naturales, las	13
ciencias sociales, las	13
cierre, el	16
cine, el	1
circunstancia, la	5
citar	7
cítrico	8
ciudad, la	2
civil	1
claro	7
clase, la	6
clásico	16
clasificación, la	11
cliente, el / la	6
clima, el	1
climático	17
climatología, la	3
clínica, la	12
cobre, el	14
cocido	7
cocido madrileño, el	7
cocina, la	2
cocinar	6
coche, el	1
coche cama, el	5
coche-restaurante, el	5
cochinillo, el	7
código, el	11
código postal, el	11
coger	3
colaborador, el	18
cola, la	14
colchón, el	2
colección, la	11
colegio, el	1

Palabra	Unidad	Palabra	Unidad	Palabra	Unidad	Palabra	Unidad
colocar (se)	2	consistir	7	cualquier	12	dato, el	1
Colombia	11	consomé, el	7	cualquiera	15	de	1
colonial	13	constante	20	cuando	1	de acuerdo	1
color, el	6	constar	18	cuantía, la	3	deber	4
comedor, el	2	constituir (se)	5	¿cuánto?	1	decir	1
comenzar	10	construcción, la	6	cuarto	3	dedicar (se)	18
comer	2	construir	5	cuarto de baño, el	2	de eso nada	15
comercial	14	consumo, el	12	Cuba	16	defender	18
comercio, el	10	contabilidad, la	14	cubierto	19	del	1
comida, la	5	contable, el	14	cubrir (se)	14	delante de	11
comisaría, la	3	contacto, el	6	cuchara, la	8	delegación, la	6
¿cómo?	1	contaminado	4	cucharilla, la	8	deletrear	9
cómodo	5	contar	18	cuenca, la	19	demanda, la	14
compañero, el	9	contento	1	cuerno, el	17	demasiado	5
compañía, la	14	contestación, la	12	cuero, el	10	democrático	18
compañía de seguros, la	14	contestar	1	cuerpo, el	10	de nada	1
comparación, la	8	contiguo	9	cuestión, la	18	de ninguna manera	15
comparar (se)	7	continente, el	14	ciudad, la	2	dentro	6
competición, la	15	continuar	12	¡cuidado!	5	de nuevo	17
completo	2	contrario	15	cultivo, el	4	denuncia, la	5
complicado	14	contraste, el	11	cultura, la	18	denunciar	3
componerse de	7	contratar	2	cumpleaños, el	1	departamento, el	3
compositor, el	16	contrato, el	14	curso, el	3	dependencia, la	3
comprar (se)	3	contribuir	12	cutis, el	9	depender	20
comprender	4	controlar	12	cuyo	2	dependiente	9
comprobar	9	convencer	20			dependiente, el	10
común	13	conversación, la	1			de pie	8
comunicar	11	convertir (se)	15			deporte, el	6
comunidad, la	16	copa, la	5			deportivo	6
con	2	corbata, la	6			depósito, el	16
concesión, la	3	corcho, el	10			depresión, la	2
concierto, el	13	cordero, el	7			deprimir	15
conclusión, la	16	cordillera, la	5			derecha	2
condado, el	5	corona, la	5			derecho	15
condición, la	6	Correos	3			derribar	15
conducir	10	correr	2			derrota, la	15
conductor, el	1	cosa, la	3			desagradable	1
conferencia, la	3	costa, la	4			desamueblado	2
confortable	5	costar	2			desanimar (se)	15
congreso, el	16	Costa Rica	13			desarrollado	18
conjunto, el	2	costero	17			desayunar	6
conmigo	9	costumbre, la	8			desayuno, el	6
con mucho gusto	17	COU	13			desayuno completo, el	8
conocer (se)	3	crear	16			descalzo	11
conocido	12	crédito, el	3			descansar	8
conocimiento, el	1	creer	7			descendiente, el	9
conquistar	17	cristiano, el	3			desconocido	9
conseguir	11	crucigrama, el	18			describir	14
consejo, el	12	cuadrado	2			descubrir	4
conserva, la	7	cuadro, el	3			desde	3
conservar	7	¿cuál?	1			desde luego	20
conservatorio, el	13	¿cuáles?	1			desear	10

CH

Palabra	Unidad
chalet, el	2
chaqueta, la	10
chato, el	8
chato de vino, el	8
cheque, el	20
cheque de viaje, el	5
chico, el	13
Chile	14
chino	9
chiste, el	18
chocolate, el	4
chorizo, el	8
chubasco, el	19
churro, el	8

D

Palabra	Unidad
dar	4
darse cuenta de	12

Palabra	Unidad
desembocadura, la	11
despacio	9
despedida, la	1
despedir (se)	1
despejado	19
despertarse (se)	5
despliegue, el	5
destacable	7
destacar	16
destinatario, el	11
destino, el	16
determinado	10
deuda, la	3
de vez en cuando	18
día, el	1
diario	5
diciembre	16
diecinueve	1
diferencia, la	5
difícil	7
¿dígame?	12
digestión, la	12
dinero, el	2
diputado, el	4
dirección, la	2
directo	6
director, el	18
dirigente, el / la	18
disco, el	6
discoteca, la	1
discutible	18
discutir	14
diseñar	15
diseño, el	2
disfrutar	20
disponer	11
disponible	14
dispuesto	14
disputar (se)	17
distancia, la	19
distinto	7
distribución, la	11
diversidad, la	17
diversión, la	18
diversos	7
divertido	10
divertir (se)	7
dividir	10
divisa, la	20
divorciado	1
DNI	16
doble	2

Palabra	Unidad
doctor, el	12
documentación, la	5
documento, el	16
dólar, el	20
doler	12
dolor, el	12
domicilio, el	11
dominar	6
domingo	2
dormir (se)	2
don	5
donde	1
dormitorio, el	2
duchar (se)	10
duda, la	17
duración, la	5
durar	1
duro	6

E

Palabra	Unidad
economía, la	9
económico	14
Ecuador	10
echar	3
edad, la	1
Edad Media, la	4
edificio, el	2
editar	18
editorial, la	18
educación, la	13
educación física, la	13
educación primaria, la	13
ejercicio, el	1
él	1
elaborar	7
electricista, el	14
electrónico	13
elegir	6
elemento, el	7
elevación, la	18
eliminar	12
élite, la	15
El Salvador	13
ella	1
ellas	2
ellos	2
embarcación, la	15
embutido, el	7
emigrar	6

Palabra	Unidad
emisión, la	11
emitir	17
empate, el	15
empezar	5
empleado, el	14
emplear	7
empleo, el	14
empresa, la	14
en	1
en absoluto	15
en cambio	9
encantado	1
encantar	4
encargar (se)	6
encima	18
encogido	12
en contra de	6
encontrar (se)	4
encontrarse bien/mal	12
encuentro, el	17
en diferido	17
en directo	17
en el paro	14
enemigo, el	15
enero	16
enfadado	16
enfático	17
enfermo	9
enfriamiento, el	12
engañar	3
engordar	12
en lugar de	12
en menos de	11
en punto	20
ensaimada, la	8
ensalada, la	7
ensayo, el	18
enseguida	7
enseñanza, la	13
enseñanza básica, la	13
enseñanza media, la	13
enseñanza primaria, la	13
enseñanza secundaria, la	13
enseñar	9
entender	9
enterar (se)	16
entonces	1
entrada, la	2
entrantes, los	7
entrar	1
entre	1
entre bromas y veras	4

Palabra	Unidad
entrega, la	11
entremeses, los	7
envergar	9
enviar	4
envío, el	15
envolver	15
epidermis, la	12
época, la	4
equilibrado	12
equipaje, el	5
equipar	10
equipo, el	3
error, el	9
esa	17
escalera, la	11
escandinavo	19
escaso	7
escolar	13
escolaridad, la	13
escribir (se)	2
escritor, el	3
escuchar	4
escudella catalana, la	7
escudo, el	20
escuela, la	15
ese	2
esfera, la	10
es igual	16
eso	2
espacio, el	9
espalda, la	3
España	2
español	1
espárrago, el	7
especial	2
especialista	13
especie, la	10
espectáculo, el	18
espectador, el	15
espera, la	6
esperar	7
espinacas, las	7
esplendor, el	4
esponjoso	10
esquiar	4
esquina, la	9
establecer	13
establecimiento, el	8
estación, la	3
estadio, el	13
Estado, el	1
estafa, la	5

Palabra	Unidad
estanco, el	3
estaño, el	11
estar	1
estar casado	16
estar de acuerdo	6
estar seguro	12
estas	17
estatal	17
este	1
este, el	8
estilo, el	2
estirar (se)	12
esto	2
estómago, el	12
estratega, el	15
estrecho	14
estrenar	2
estropear	5
estudiante, el / la	13
estudiar	2
estudio, el	2
¡estupendo!	4
etapa, la	13
Europa	1
Euskadi	4
euskera, el	9
eventualidad, la	5
evidente	16
exactitud, la	9
exagerar	12
examen, el	1
examinar (se)	13
excelente	7
exceso	12
excusa, la	1
excusar (se)	1
exigir	4
existencia, la	18
existir	5
éxito, el	15
expedición, la	18
experiencia, la	14
experimentado	14
explorado	12
exponer (se)	16
exposición, la	13
expresión, la	18
expreso, el	5
extenderse	13
extensión, la	1
extenso	2
exterior	2
externo	18

Palabra	Unidad
extra	6
extranjero	2
extraño	16
extraordinario	14
extraviar (se)	5
Extremadura	1
extremo	1
exudar	9
exulcerar	9

F

Palabra	Unidad
fabes, las	20
fácil	5
facilidades, las	6
fachada, la	15
falda, la	10
fallo, el	6
fama, la	7
familia, la	20
famoso	2
farmacéutico, el	12
farmacia, la	3
farmacia de guardia, la	12
fatal	13
fatiga, la	12
favor, el	17
favorito	13
fecha, la	1
feliz	11
femenino	10
feo	1
feria, la	13
Feria de Muestras, la	13
ferrocarril, el	3
festivo	14
fibra, la	12
ficha, la	12
fideos, los	7
fiebre, la	12
fiesta, la	19
figurar	11
fijo	14
filatélico	11
filete, el	7
filósofo, el	15
fin, el	5
final, el	15
fin de semana, el	8
firma, la	6

Palabra	Unidad
firmar	11
físico	12
flan, el	7
flexible	10
flojo	19
fontanero, el	14
formación, la	14
forma, la	7
formar	4
foto, la	1
fracaso, el	15
francés	3
frase, la	8
frecuencia, la	12
freír	7
frenar	12
frente, el	19
frigorífico, el	2
frío	7
frito	7
frontera, la	5
fronterizo	8
fruta, la	7
frutos secos, los	7
fuente, la	3
fuera	15
fuerte	6
fumador, el	5
fumar	1
funcionar	11
función, la	9
fundamental	11
fundar	11
fútbol, el	4
futuro	13
futuro, el	18

G

Palabra	Unidad
gafas, las	13
Galicia	4
gallego	7
gama, la	18
gamba, la	7
ganadería, la	3
ganadero	15
ganancia, la	10
ganar (se)	4
garaje, el	2
garganta, la	12

Palabra	Unidad
gas, el	7
gas natural, el	10
gasto, el	3
gastronómico	7
general	18
general, el	10
gente, la	5
gimnasia, la	15
gimnasio, el	13
girar	3
giro, el	11
gobernar	13
gobierno, el	18
gol, el	15
golf, el	15
golfo, el	9
golpe, el	12
goma, la	10
gótico	3
gozar	20
grabación, la	6
¡gracias!	1
gracias a	17
grafía, la	9
gran	3
gran almacén, el	6
grande	5
granero, el	4
grasa, la	12
gratuito	16
grave	12
grifo, el	8
gris	10
grupo, el	7
guagua, la	9
guaira, la	9
guapo	1
guardia, la	5
Guatemala	13
guía, la	11
guía telefónica, la	11
guisante, el	7
guisar	7
gustar	4
gusto, el	7

H

Palabra	Unidad
haber	1
habitación, la	2

Palabra	Unidad
habitado	12
habitante, el	7
habitual	10
hablador	3
hablar	2
hacer buen/mal tiempo	12
hacer calor	20
hacer el agosto	10
hacer juego	2
hacer la digestión	12
hacer ruido	3
hacer un favor	17
hacia	3
Haití	16
hasta	1
hasta luego	1
hasta mañana	1
hay que	3
hectárea, la	15
helada, la	19
helado, el	7
hermano, el	2
hervir	8
hielo, el	15
hijo, el	1
hipertensión, la	12
historia, la	13
histórico	15
¡hola!	1
¡hombre!	13
hombre, el	3
Honduras	13
horario, el	5
hospitalario	20
hospital, el	3
hotel, el	3
hoy	1
huevo, el	7
humanidades, las	13
húmedo	11
humor, el	15

I

Palabra	Unidad
IBERIA	11
ibérico	19
Ibiza	4
ideal	20
idea, la	4

Palabra	Unidad
idioma, el	1
igual	13
imperio, el	19
importancia, la	11
importante	4
importar	11
impuesto, el	3
inadecuado	12
inca	19
incentivo, el	14
incidente, el	5
incluso	14
incomparable	7
incorporar (se)	5
independencia, la	3
independizar (se)	10
indicar	6
indicativo, el	11
individual	15
industrial	9
industria, la	5
industrial, el	4
infantil	13
inferior	2
información, la	6
informe, el	4
ingeniero, el	14
inglés	1
ingrediente, el	7
ingresar	3
ingreso, el	10
inmovilizar	16
inmueble, el	2
innecesario	10
inolvidable	20
instalación, la	15
instalarse	2
instante, el	14
integración, la	18
intelectual, el / la	18
inteligente	11
interesante	10
interesar	4
interior, el	2
internacional	7
íntimo	7
intrancesdencia, la	18
inútil	12
inválido	9
invasión, la	1
invierno, el	10
invitación, la	1

Palabra	Unidad
invitar	7
irregular	19
ir (se)	1
isla, la	4
istmo, el	13
italiano, el	9
IVA, el	6
izquierda, la	2

J

Palabra	Unidad
Jamaica	16
jamón, el	7
jamón serrano, el	8
japonés	9
jarabe, el	12
jardín, el	2
jazz, el	4
jefe, el	11
jersey, el	10
jornada, la	14
joven	3
judo, el	13
jugar	13
julio	6
junio	7
juntar	2
juntos	2
justificar (se)	11

K

Palabra	Unidad
kilo, el	4
kilómetro, el	7

L

Palabra	Unidad
la (art.)	1
laboral	18
lado, el	2
lago, el	4
lana, la	10
langosta, la	7
la (pron.)	4
largo	4

Palabra	Unidad
La Rioja	2
las	1
las (pron.)	4
lástima, la	16
lata, la	19
lavar (se)	10
le	1
lección, la	9
lectura, la	3
leche, la	4
leer	2
legumbres, las	7
lejos	2
lengua, la	2
lengua extranjera, la	13
lenguado, el	7
lento	12
les	4
levantar (se)	6
ley, la	3
libertad, la	3
libertador, el	11
libra esterlina, la	20
libre	3
librería, la	3
libro, el	3
ligero	19
límite, el	13
limón, el	8
limpio	5
linaje, el	9
lista, la	3
litera, la	5
lo (art.)	1
local	18
lógico	16
lona, la	10
longitud, la	14
lo (pron.)	4
los	1
los (pron.)	4
luego	3
lugar, el	2
lunes, el	16
luz, la	12

LL

Palabra	Unidad
llaga, la	9
llamar por teléfono	16

Palabra	Unidad	Palabra	Unidad	Palabra	Unidad	Palabra	Unidad
llano	18	mastelerillo, el	9	mínimo	19	naranja, la	7
llanura, la	15	matemáticas, las	1	minuto, el	13	nativo	2
llanura costera, la	17	materia, la	10	míos	17	naturaleza, la	6
llave, la	5	material, el	2	mi (posesivo)	1	náutico	20
llegada, la	5	matinal	19	mirar (se)	2	Navarra	2
llegar	6	matricular (se)	3	mitad, la	10	navegable	4
llenar	9	máximo	2	mixto	7	navegar	11
lleno	4	mayo	16	mocasín, el	10	Navidad, la	14
llevar	3	mayonesa, la	7	modalidad, la	13	neblina, la	19
llover	7	mayor	10	modelo, el/la	6	necesario	6
lluvia, la	19	me	1	moderno	3	necesitar	2
lluvioso	3	mecánico, el	11	modificar	13	nécora, la	7
		mecanografía, la	14	modo, el	7	negación, la	17
		mediante	11	molestar	4	negativo	5
		medias, las	10	molesto	14	negociable	20

M

Palabra	Unidad	Palabra	Unidad	Palabra	Unidad	Palabra	Unidad
macarrones, los	7	medicamento, el	12	momento, el	6	negro	10
madera, la	2	médico, el	1	monarca, el	16	neutral	18
madre, la	3	medio	9	montaña, la	3	nevar	19
magdalena, la	8	medio, el	14	montañoso	17	Nicaragua	13
majestuoso	15	medio de transporte, el	14	monumento, el	16	niebla, la	19
mal	2	mediodía, el	8	morcilla, la	8	nieve, la	18
malo	5	mejillón, el	8	moreno	11	ni hablar	15
malla, la	15	mejor	9	morir (se)	12	ningún	7
mandar	6	melocotón, el	7	mostrador, el	7	ninguno	7
mando, el	19	melón, el	7	moto, la	14	niño, el	1
manejo, el	14	memoria, la	16	mover (se)	20	nivel, el	13
manera, la	9	menaje, el	10	¡muchas felicidades!	1	no	1
mano, la	10	mencionar	7	¡muchas gracias!	1	nobleza, la	9
mantequilla, la	7	menos	12	mucho	1	noche, la	3
manzana, la	7	mensaje, el	11	mueble, el	2	nombre, el	1
mañana	19	mensajero, el	14	muelle, el	10	noreste, el	5
mañana, la	1	mentir	8	mujer, la	3	normal	1
mapa, el	20	menú, el	7	multa, la	20	norte, el	2
maquillaje, el	12	mercado, el	18	mundo, el	7	nos	18
máquina, la	7	meridional	4	músculo, el	12	no ser para tanto	12
maravilloso	16	merluza, la	7	museo, el	1	nosotros	1
marca, la	2	mesa, la	4	música, la	2	notable, el	4
marco, el	20	mes, el	5	muy	1	nota, la	16
marejada, la	19	meseta, la	4			notar	15
mar, el, la	3	metálico	15			noticia, la	6
mar gruesa, la	19	meter (se)	11			novedad, la	17
marido, el	14	metro, el	2			novela, la	5
marinero	7	metro cuadrado, el	2			noviembre	16
marisco, el	7	México	13			novio, el	14
marrón	10	mí	4			nube, la	19
Marruecos	19	miedo, el	9			nublarse	5
martes, el	16	mientras	14			nubosidad, la	19
más	1	millón, el	2			nuboso	19
masculino	10	mina, la	3			nuestras	19
		mineral, el	11			nuestro	5
		minero, el	17			número, el	1
						nunca	8

N

Palabra	Unidad
nacer	4
nacimiento, el	1
nacional	17
nacionalidad, la	1
nada	5
nada de eso	15
nadie	12

O

Palabra	Unidad
o	1
objetivo, el	18
objeto, el	10
obligatorio	13
obra, la	10
obrero	18
obtener	7
occidental	4
océano, el	7
octubre	17
ocupar (se)	2
ocurrir	5
oeste, el	4
oferta, la	5
oficina, la	3
ofrecer	6
oír	4
¡ojo!	5
olímpico	14
ondulado	20
operar	11
opinar	12
oportunidad, la	10
optativo	13
optimista	15
ordenador, el	5
ordinario	11
oriente, el	10
origen, el	19
original	13
os	4
ostra, la	7
otra	8
otro	1

P

Palabra	Unidad
paciente, el / la	12
padecer	12
padre, el	2
padres, los	2
paella, la	7
pagadero	20
pagar	5
página, la	1

Palabra	Unidad
pago, el	5
paisaje, el	1
país, el	2
País Vasco, el	2
Palacio de Deportes, el	15
pala, la	10
pálido	12
palo, el	9
Panamá	13
pan, el	7
pantalones, los	10
pañuelo, el	10
papá, el	1
paquete, el	4
para	1
parado	11
parador, el	4
paraguas, el	10
Paraguay	18
paraje, el	6
paralelo, el	10
paralítico	9
parar (se)	5
parecer (se)	4
pareja, la	15
par, el	15
pareo, el	10
paro, el	14
parque, el	3
parte, el	2
parte, la	4
particular	2
partido, el	6
partido de dobles, el	17
pasado	6
pasar	4
pasatiempo, el	13
pasear (se)	3
paseo, el	17
paso, el	1
pasta, la	7
pastoreo, el	7
patata, la	7
patatas fritas, las	7
paté, el	7
patrón, el	15
peatonal	3
pedir	1
pegado	10
peinar (se)	10
película, la	3

Palabra	Unidad
peligroso	14
pelota, la	15
penetrar	12
península, la	1
peninsular	5
pensar	7
peor	19
pequeño	2
pera, la	7
percebe, el	7
perder (se)	5
perdón, el	1
periódico, el	3
período, el	13
permiso, el	1
permitir	2
pero	1
perro, el	3
persa	2
persona, la	3
personal, el	14
Perú	19
peruano	19
pesado	12
pesar	4
pescado, el	7
peseta, la	1
pesimista	15
peso, el	12
pesquero	7
petición, la	4
petróleo, el	10
petrolífero	17
pez espada, el	7
picante	8
pico, el	6
pie, el	8
piel, la	12
pierna, la	15
pieza, la	2
piloto, el	6
pimiento, el	8
pintar	18
pintor, el	14
pintura, la	3
piña, la	7
piscina, la	2
piso, el	1
pista, la	2
plan, el	13
planeta, el	16

Palabra	Unidad
plano, el	20
planta, la	13
plata, la	11
plátano, el	7
plato, el	7
playa, la	3
playera, la	10
plaza, la	1
plaza escolar, la	13
pleno	18
plomo, el	11
población, la	1
poco	5
poder	1
poeta, el	1
polar	15
policía, la	5
políglota	9
político	18
polvo, el	8
pollo, el	7
poner	5
poner atención	5
ponerse en guardia	5
popular	8
por	1
por adelantado	5
por encima	18
por excelencia	20
por favor	1
por lo alto	20
porque	1
por supuesto	7
portada, la	18
por tanto	6
portería, la	15
portero, el	9
por último	8
poseer	12
posibilidad, la	2
posible	2
posición, la	1
postal, la	11
postal exprés	11
postre, el	7
pote gallego, el	7
práctica, la	5
precio, el	2
precipitación, la	19
precolombino	19
predominar	3

Palabra	Unidad	Palabra	Unidad	Palabra	Unidad	Palabra	Unidad
preferir	4	prueba, la	13	reclamación, la	5	rey, el	7
prefijo, el	11	público	3	reclamar	6	ría, la	20
pregunta, la	16	público, el	7	recoger	7	rico	11
preguntar (se)	1	pueblo, el	3	recomendar	7	rincón, el	7
premio, el	20	puerta, la	2	recordar	15	río, el	2
prenda, la	10	puerto, el	15	recorrer	15	riqueza, la	3
preocupar (se)	12	Puerto Rico	16	recreo, el	13	ritmo, el	17
preparar	20	pues	7	recuerdo, el	20	robar	5
presenciar	13	puesta en práctica, la	5	recuperación, la	15	robo, el	3
presentación, la	1	puesto, el	14	recurso, el	5	rodear	2
presentar	5	pulpo, el	7	rechazar	4	rogar	6
presión, la	19	pulsar	11	red, la	14	rojo	10
prestar	9	punto, el	9	reembolso, el	11	románico	20
previo	14	puntuación, la	9	referente a	18	ronda, la	8
primario	13	puro	15	reforma, la	13	ropa, la	10
primero	3			refugiar (se)	3	ropa interior, la	10
principal	3			regalar	4	rostro, el	12
principio, el	12	**Q**		regar	18	rozar	19
prisión, la	3			regional	7	ruido, el	4
privado	6	Palabra	Unidad	región, la	2	ruso, el	9
privar	3			regir	16		
privilegiado	2	que	1	reinado, el	17		
probar (se)	10	¡que bien!	7	reino, el	5	**S**	
problema, el	2	quedar (se)	6	rejuvenecer	12		
proclamar (se)	11	querer	1	relación, la	16	Palabra	Unidad
producir	15	querido	9	relajar (se)	12		
producto, el	2	queso, el	7	relieve, el	5	sábado, el	9
productor, el	16	¡qué va!	15	religión, la	18	saber	1
profesional, el / la	18	¿quién?	1	reloj, el	11	sabor, el	7
profesión, la	1	química, la	5	remitente, el	11	sacar	3
profesor, el	1	quiosco, el	3	remitir	11	saco, el	10
profundo	12			remodelado	15	salado	11
programación, la	17			remolcar	5	salario, el	14
programa, el	4	**R**		RENFE	3	salchichón, el	8
progresar	16			reparar	6	salida, la	5
prohibir	3	Palabra	Unidad	repetir	8	salir bien/mal	15
pronto	15			representar	15	salir (se)	4
pronunciación, la	9	ración, la	8	República Dominicana	16	sal, la	12
pronunciar	9	radio, la	13	reserva, la	6	salmón, el	7
propicio	4	rápido	5	reservar	6	salón, el	2
propio	9	raqueta, la	15	resguardar (se)	10	salón-comedor, el	2
proponer	20	rasgo, el	11	respiración, la	12	saludar (se)	1
proporcionar	7	razón, la	18	respirar	12	salud, la	1
propósito, el	4	real	16	responder	1	saludo, el	1
próspero	5	rebajas, las	10	restaurante, el	3	sano	12
protegido	20	recado, el	11	resto, el	16	santo	16
proteína, la	7	recepcionista, la	6	resultado, el	15	satélite, el	17
protestar	16	recepción, la	16	retirarse	11	se	1
provisional	14	receta, la	12	reunión, la	6	sección, la	18
próximo	19	recibir	4	reunir (se)	14	seco	1
proyectar (se)	16	recibo, el	5	revés, el	7	secundario	13
proyecto, el	5	recipiente, el	7	revolución, la	19		

Palabra	Unidad
seda, la	10
sede, la	19
sedentario	12
seguir	12
según	4
seguridad, la	14
Seguridad Social, la	14
seguro	5
selectividad, la	13
selva, la	12
sello, el	3
semanal	2
semana, la	2
Semana Santa, la	20
semejante	3
sencillo	2
sensación, la	12
sentado	15
sentar bien/mal	12
sentarse	7
sentimental	3
sentir	1
sentirse bien/mal	12
señora, la	5
señor, el	1
señorita, la	14
septentrional	14
septiembre	16
ser	1
ser necesario	17
servicio, el	2
servir	6
set, el	15
sexo, el	14
sí	1
si bien	19
siempre	6
sierra, la	4
siesta, la	6
significar	4
significativo	1
signo, el	12
siguiente	6
similar	10
simpático	1
sin	2
sin embargo	7
sistema, el	2
sitio, el	7
situación, la	1
situar (se)	6
sobre	8

Palabra	Unidad
sobresaliente, el	4
sobre todo	8
social	6
sofá, el	2
sol, el	4
soler	8
sólo	7
soltero	1
solucionar	18
solucionario, el	9
sombrero, el	10
sombrilla, la	10
sonar	14
soñar	20
sopa, la	7
stress, el	12
su	1
subir	7
subjuntivo, el	16
subordinar	9
subsuelo, el	11
suceder	5
suceso, el	18
suela, la	10
sueldo, el	14
suelo, el	2
sueño, el	12
sufrir	1
sugerir	12
suizo, el	8
sujetar	9
superar	13
superior	2
supermercado, el	7
suponer	12
supositorio, el	12
sur, el	2
suroeste, el	1
suspender	13
suspenso, el	4

T

Palabra	Unidad
tabaco, el	12
tabla, la	2
tal	1
también	1
tan	10
tanto	11

Palabra	Unidad
tapa, la	8
tapizado, el	2
tarde	5
tarde, la	5
tarjeta, la	5
tarjeta de crédito, la	5
tarta, la	7
tarta de manzana, la	7
tasca, la	8
taxi, el	5
taza, la	8
te	1
teatro, el	3
técnica, la	15
técnico	13
tecnología, la	15
tecnológico	19
telediario, el	17
telefax, el	14
telefonear	9
telefónico	3
teléfono, el	1
telégrafo, el	11
televisión, la	2
tema, el	7
temer	9
temperatura, la	19
templado	20
temporal, el	19
temprano	6
tener	1
tener afición a	13
tener buena/mala cara	12
tener buen/mal humor	15
tener cabida	15
tener intención de	20
tener miedo	9
tener que	3
tener razón	9
tener sueño	12
tenis, el	10
tenso	12
terminar	6
ternera, la	7
terraza, la	2
terreno, el	15
terrestre	10
territorial	17
territorio, el	2
textil	5
ti	4
ticket, el	20

Palabra	Unidad
tiempo, el	5
tienda, la	13
tierra, la	7
timo, el	5
tío, el	4
típico	7
tipo, el	2
tirar	5
titular, el	18
titular (se)	18
título, el	4
toalla, la	10
tocino, el	7
todavía	7
todo	1
todo lo contrario	15
tomar nota	7
tomar (se)	3
tomate, el	10
tontería, la	12
tonto	9
torcer	3
tormenta, la	19
tormentoso	19
torpe	9
torre, la	15
tortilla, la	7
tortilla española, la	7
tortilla francesa, la	7
tos, la	12
total	6
trabajador, el	1
trabajar	1
trabajo, el	1
tradicional	7
tradición, la	12
traje, el	10
tranquilo	3
transmitir	17
transporte, el	6
tratamiento, el	14
tratamiento de textos, el	14
tratar	12
tratar de	18
tren, el	5
triangular	9
triste	1
tristeza, la	15
tropical	6
trozo, el	16
tullido	9
turismo, el	4

Palabra	Unidad
turista, el / la	4
turístico	4
TV	2

U

Palabra	Unidad
ulcerar	9
último	2
un	1
una	1
unas	1
único	3
unifamiliar	2
uniforme, el	5
unir (se)	5
Universidad, la	3
un momento	6
uno	8
unos	1
un poco de	8
urbanización, la	2
urgente	5
Uruguay	20
usar	2
uso, el	16
usted	1
ustedes	2
usuario, el	2

Palabra	Unidad
utensilio, el	7
utilizar	7

V

Palabra	Unidad
vacaciones, las	5
vaca, la	7
vacío, el	5
vago	1
vale	4
valenciano, el	17
valer	4
valor, el	9
valle, el	2
variar	16
variedad, la	7
varios	1
vasco	7
vecino, el	14
vegetación, la	3
vehículo, el	5
vela, la	9
velocidad, la	3
vendedor, el	14
vender	2
venir	3
ventaja, la	11
ventana, la	2

Palabra	Unidad
ver	1
veraniego	10
verano, el	3
verdadero	4
verdad, la	4
verde	10
verdura, la	7
versión, la	13
vertiente, la	14
vestido, el	7
vestir (se)	6
vez, la	7
viajar	10
viaje, el	3
viajero, el	5
victoria, la	15
vida, la	3
vídeo, el	8
viento, el	19
viernes, el	16
vino, el	2
vino tinto, el	7
visita, la	16
visitar	2
vista, la	7
vitamina, la	7
¡viva!	15
vivienda, la	2
vivir	1
volcánico	6
volver	1
vosotras	2

Palabra	Unidad
vosotros	1
voz, la	3
vuelta, la	6
vuestras	17
vuestro	5

Y

Palabra	Unidad
y	1
ya	7
yacimiento, el	17
ya sabes	5
yo	1
yogur	7
Yugoslavia	19
zapato, el	6

Z

Palabra	Unidad
Zaragoza	1
zipizape, el	9
zona, la	1
zopenco, el	9
zueco, el	10
zumo, el	7

ÍNDICE